JN213200

戦争を知らないキミへ

監修　大串潤児
（国立歴史民俗博物館教授）

1945年、
14歳の僕が
考えていたこと。

上・戦中編

はじめに

昭和二十年(一九四五年)、中学明善校二年生、十三歳。米英列強を敵にまわしての戦争、軍事教練、工場動員、連日のような空襲警報、久留米空襲、敗戦、米軍による占領、食料難。思えば、息が詰まるような、そしてもう無茶苦茶な時代でした。この頃は、ろくに教科書もなく、授業さえ受けられない日々が続きました。

日記を通して読んでいただければお判りのように、当時の中学生は、ほとんど勉強らしい勉強はさせてもらえませんでした。若い男の人たちが、皆兵隊にとられてしまったために、農家や工場の生産能力が激減してしまいましたから、それを補うために、まだ小学校(当時は国家総動員の立場から国民学校と改められていました)を卒業したばかりの中学生たちが、各種工場での作業、軍需物資の運搬・飛行場の整備・電車の運転などの労働に従事させられました。こうした作業をすることを、当時「動員」と呼んでいましたが、動員されたのは男の生徒ばかりでなく、女学生も同じことでした。小学生たちさえもが、農家をまわって田植えや麦踏みの手伝いをさせられていました。

ところが、この日記の中には、動員のための勉強が充分できないという、いわば身の不遇をかこった部分が、まったく出てこないのです。至極当たり前のように工場に働きに行っています。当時はアメリカ・中国などとの戦争に、日本は何としてでも勝たねばならなかったのです。日本人はみな死に物狂いでした。聖戦完遂のために、日本が勝つために、中学生たちまでが、すべてを投げうっていました。

戦争が終わって、戦争中に軍国教育を行ってきた大人たちは、敗戦とともに掌を返したように民主主義教育を始めました。そして、このことは後日、いろいろと非難されることとなります。定見がないというのです。ところが小学校に入学した時から国家教育をたたきこまれて来たはずの、いわば筋金入りの軍国少年までもが、米軍上陸という昭和開国に直面すると、あっさりと今までの仇敵撃滅の思想を捨て去り、日本人が全く知らされていなかったアメリカというものに夢中になって行く様が、この日記の中にありありと書かれています。

戦争を語った書籍は、今たくさん出回っています。どれもこれも、当時の様子を生々しく今に伝えて貴重な歴史の生き証人となっています。その中で、この日誌の特徴は、戦後三十年も経ってから書かれた回顧録ではなく、戦中戦後の日々を、いわば「現実」として残したものだという点にあります。月日に若干の歯抜けはあるものの、まだ純真無垢だった少年が、親たちも経験したことのない激動の日々を、驚きの眼で見つめている様が、稚拙な文章の中から窺い知ることができます。一字一句に文章の幼さを笑うのではなく、日記全体から感じる何かを受け取ってくだされば幸いです。

（竹村逸彦「軍国少年日記」より抜粋）

もくじ

- 日記は、竹村逸彦「軍国少年日記」（２００５年10月に竹村さん自らがテキスト化したもの）より引用しています（一部、省略した箇所があります）。
- 読みやすさを考慮して、旧仮名遣いは現代仮名遣いに改めています。また、旧漢字も常用漢字等に改めました。ただし、人名や書名などの固有名詞に含まれる旧漢字は、そのまま掲載している場合もあります。
- 旧漢字、旧仮名遣い以外の表記は、基本的に原文のまま掲載しています（一部、読みやすくした箇所があります）
- 年月日や単位などの数字は、資料編や解説文では算用数字を使用していますが、日記では原文のまま漢数字で掲載しています。
- 内容の一部に現在では不適切と思われる表現がある場合も、当時の資料として扱い、原文のまま紹介しています。

一九四五年　五月・六月

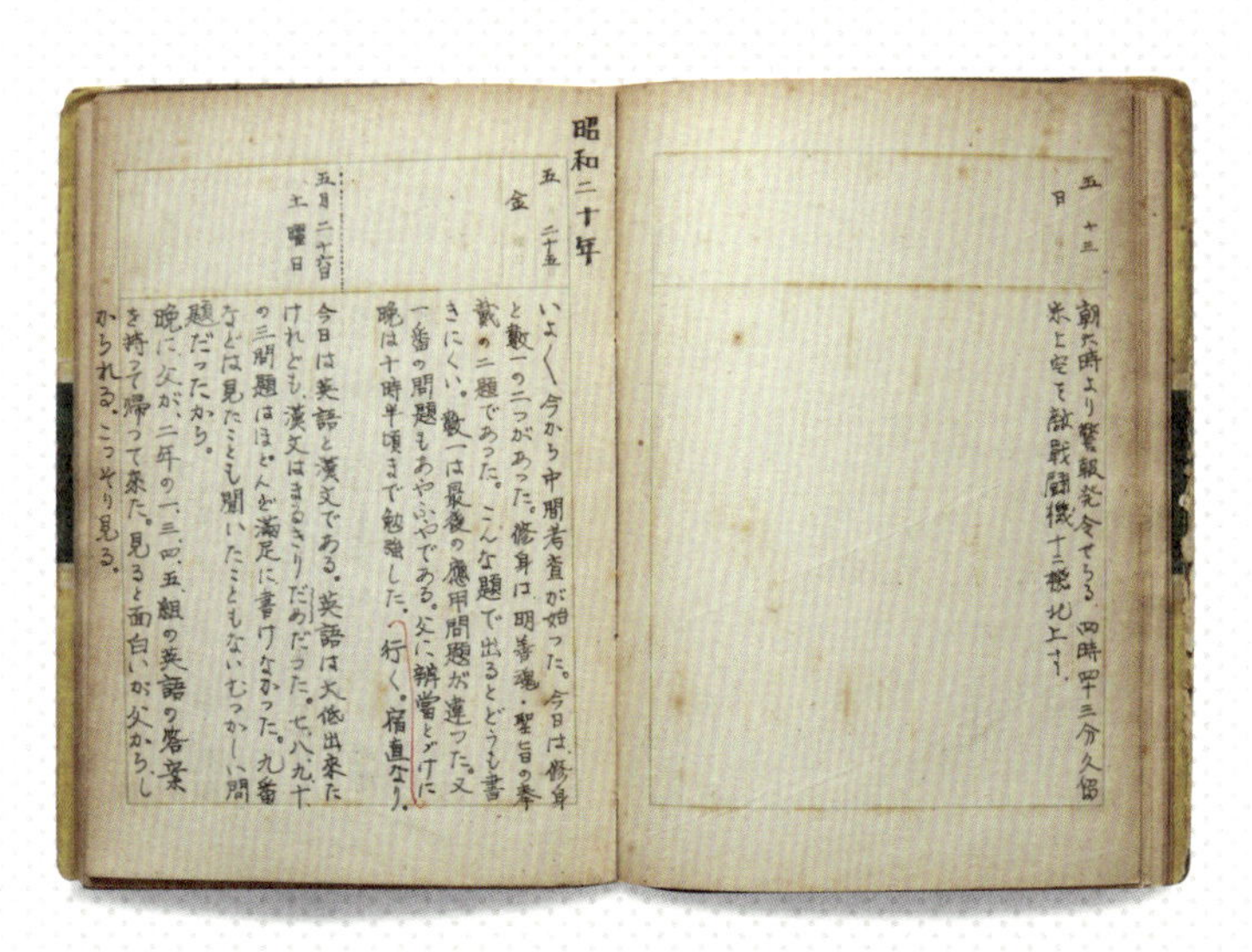

1945年、14歳の僕が考えていたこと。

五月二十五日（金）

いよいよ今日から中間考査が始まった。今日は修身と数一の二つがあった。修身は明善魂・聖旨の奉戴の二題であった。こんな問題で出ると、どうも書きにくい。数一は最後の応用問題が違った。又、一番の問題もあやふやである。
父に弁当をとどけに行く。宿直なり。
晩は十時半頃まで勉強した。

五月二十六日（土）

今日は英語と漢文である。英語は大抵出来たけれども、漢文はまるきりだめだった。七、八、九、十の三問題は、ほとんど満足に書けなかった。九番などは見たことも聞いたこともないむつかしい問題だったから。
晩に父が二年の一、三、四、五組の英語の答案を持って帰ってきた。見ると面白いが、父からしかられる。こっそり見る。

数一
数学第一類。数式や方程式。

修身
小学校（当時は国民学校）・中学校などで、道徳教育を行うための教科。教育勅語（→資料編108ページ）にもとづく。敗戦後、連合国軍総司令部（GHQ）の指令によって廃止。

父
父・竹村覚さんは、竹村さんが通う中学明善校で英語の教師をしていた。

宿直
学校や会社などに勤務する人が、交替で泊まり込んで夜の警備をすること。

五月

五月二十七日(日)

今日は休みである。

試験中だというのに、少しも勉強する気にならない。たとえしても、ほかのことにばかりに気をとられてしまう。こんなことではいけない。

五月二十八日(月)

今日は数二、文法と物象である。数二は時間が足りなかったので、不完全だ。文法は大体よいようである。三十分。物象は、最後の一題が未決のまま時間が来てしまった。

晩は十時頃まで勉強する。

物象

1943(昭和18)年の中等学校令により、設けられた教科。生物をのぞいた、物理、化学、鉱物学、地学などの内容が含まれていた。

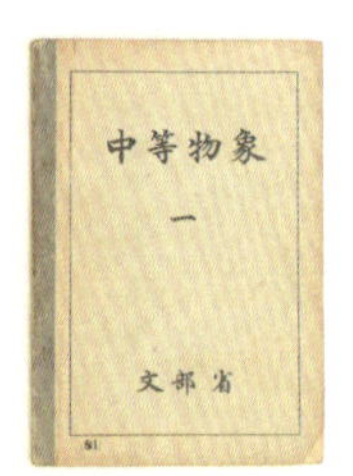

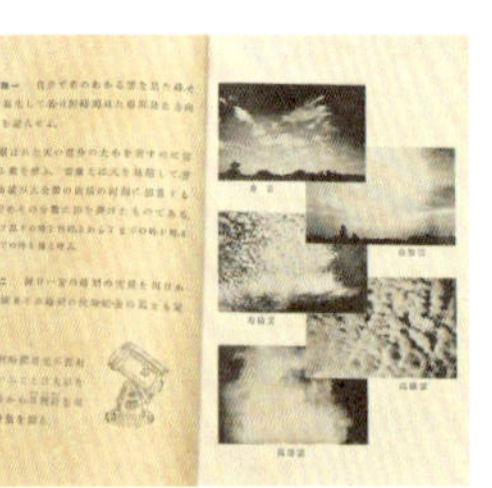

数二

数学第二類。幾何(図形を研究する数学)のこと。

五月

五月二十九日(火)

今日は国語、用器画、地理である。

今日のは、どれも大たい出来たと思う。

五月三十日(水)

今日は生物、歴史、教練(学科)。

生物はよかったが、歴史はおじゃんである。教練は、助教・助手の着意点と小銃射撃の照準との二題が出たが、これも大がい出来た。

ああ、やっと試験もおわった。ほっとして肩の荷が下りたようだ。

晩から腹が少し痛みだした。今日頂いたお餅をたべ過ぎたのか、餡が悪かったのか。

五月三十一日(木)

用器画
定規や分度器、コンパスなどを用いて、物体の形を幾何学的に正確に描く技法。

おじゃん
物事がだめになること。

教練
中等学校以上の学校で、陸軍の現役将校を派遣して行われた軍事的な基礎訓練。軍事教練(→資料編112ページ)。

欠席。

きのうの夜は、ほんとうに苦しかった。二回吐いて、便所に十回位は行ったろう。父も母も枕元にきて、いろいろと心配して下さった。ヒマシ油を飲んだ。今朝は絶食。昼も。朝には、だいぶんよくなって、昼にはずっとよくなって、本をひっぱり出して来て、よみふける。

晩には、おかゆをたべる。

六月一日(金) 曇少し雨

欠席。

今日はほとんどよくなってしまった。七時頃から起きた。今日は、きのうと反対に母が腹をこわしてねてしまった。で、台所のことを少々やった。

九時頃、警戒警報発令。間もなく解除。大阪方面、B29四百機をもって空襲さる。

山本君の家に、数二と英語の進度を聞きに行く。今日は学校は校庭の開こん作業だったとのことである。國武さんのところへ風呂をいただきに行く。

ヒマシ油
トウゴマ(ヒマ)の種子からとれる油。下剤として用いられる。

警戒警報
敵機が近づいているので、注意するように知らせる警報(→資料編92ページ)。警戒警報が鳴ると、急いで防空壕などに待避した。空襲が始まるときには「空襲警報」に切りかわる。

B29
アメリカのボーイング社の大型爆撃機(→資料編88ページ)。1944年から日本本土への空襲に用いられた。

校庭の開こん作業
戦争中の食料不足を解消するため、空き地や学校の校庭も畑にして農作物をつくった(→資料編116ページ)。農作業には生徒たちが動員された。

六月二日（土）　雨後曇後晴

今日から出席す。朝は雨が降っていたので、作業はないかも知れないと思ったが、鍬は持って行った。学校へつく頃から雨は止んでしまったが、どんより曇っていた。

午後から作業のはずであったが、我々二年級長・副級長は、学林会のために作業はしなかった。学林会は校長室にて行われ、出席者は校長・田崎・平田・高良・山村・姉川諸先生及び林田さんとかいわれる方と我々十名で、簡単にすんだ。

放課後、靴墨の配給をなす。七名に配給。一人五円也。墨は赤黒いようなもので、約三七〇～三八〇cc位のもの。〇〇先生は無精者だから、配給なんか、みんな僕がしなければならぬ。級長はいそがしいものである。

晩に裏の福田さんが隣組のことでおいでになり、岩辺さんがおいでになった。

九時半ねる。

級長
旧制度の小・中学校で、児童・生徒の中から選ばれた学級の長。

配給
さまざまな物資が足りなくなったときに、生活必需品を国が管理して国民にいきわたらせる制度（→資料編120ページ）。

隣組
戦時中、国民統制のためにつくられた、町内会の下位組織。近所の隣り合った家でつくられる組織で、国の指示に従い自治業務を行った。

六月三日(日) 晴

朝起きて、辺りが変わっていると思ってよく見たら、さかさまに寝ていた。

今日は第一日曜で学校へ行くべきだが、敵機大挙来襲にそなえて各家庭の必需品をうめる穴をほらねばならぬので、特に休み。うちでは、朝から裏門のところへ僕が一人でほった。母も少し手伝ってくれた。二時過ぎに、やっと一立方米の深さの穴をほりあげた。

父は天井板をはずしたあとにボール紙をはるのにいそがしい。

山本さんの兄さんの御遺骨がおかえりになった。航空将校でいらっしゃった。

國武さんから数学の友(二年用)と太平記解釈の本を借りる。

常会がうちで七時半から開かれた。にぎやかなことである。

太平記
室町時代前期の軍記物語。1318年、後醍醐天皇の北条氏討伐から、1367年の室町幕府三代将軍足利義満の時代まで、約50年間の南北朝の争乱を描いた物語。

常会
隣組の会合のこと。

六月

六月四日（月） 晴

朝から午後まで作業。我々の掘りかえすところは土が固く、石が非常にたくさんうずまっているので、鍬がまがってしまう。まるきりコンクリートのところをたがやしているようで、石をのけたら土はなくなってしまう。

父、風邪のため欠勤。晩御飯をたべてすぐ寝る。

六月五日（火）

今日も一日中作業。午前は幼年校志願者選抜試験があったので、志願者は午前作業をしなかった。今日は、今までのうちで最も暑いように思われる。

父、風邪で欠勤。

晩は僕が小さい時とっていた小学生新聞をよみ返した。とても楽しかった。

九時床につく。

三五〇機（B29）阪神来襲。

朝四時頃警戒警報

幼年校
陸軍幼年学校。将校になることを志願する者を選抜し、陸軍予科士官学校の生徒になるのに必要な教育を行った学校。

朝六時十五分情報注意報

六月六日(水) 曇後雨

今日は午前中のみ作業。午後は、八日から始まる麦刈作業について色々の注意又行き場所等を岩熊先生より剣道場にておききする。我々は久保田先生指揮にて、農園作業や一丁田付近の麦刈をする予定。

終わるころから豪雨となり、雷少々鳴る。

六月七日(木) 曇

きのうの雨で、まだじめじめしている。

今日は、きのうまでの作業と明日からの作業のあいだの日で慰労休暇である。

九時ー十時頃警戒警報発令さる。間もなく解除。午後一時頃、情報注意報発令せらる。

情報注意報
警戒警報の前の段階で出されたと思われる注意報。

麦刈作業
太平洋戦争末期、農家や出兵した人の家の労力不足を補うため、生徒たちは授業の時間に麦刈などの勤労奉仕(→資料編114ページ、116ページ)を行った。

一丁田
現在の久留米市諏訪野町。

母、着物の疎開で北野に行く。
午後、深町さんの「大百科辞典」(第七巻)を金文堂にかいに行ったが、部数少なき為上げられぬとのことで帰る。四時、帰る。
七輪の火を僕がおこした。
試験管にスポイトのガラス管をつけて、中に木片を少々入れて熱す。褐色の煙出ず。火を近づけれどつかず。液も出た。

六月八日(金) 曇

朝一時頃、空襲警報発令。事なし。
今日から麦刈作業である。空はどんより曇って、雨が少し降っている。作業はないだろうが、一たん学校へ行く。集合は八時に学校である。我々一丁田付近のものの外は、みな長門石や小森野である(集合七時半)が、我々は近くて、集合時間もおそいからたいへんよかった。
山本君たちと学校へ行き出して、金文堂裏近くまで来た時、長門石へ行く友達が、今日は作業はないといって帰って来ていたので、僕等もなかろうといっ

北野
現在の久留米市北野町。

疎開
空襲の被害を避けるために、人や物を都市から山間部などに移動させること。

金文堂
菊竹金文堂。江戸時代末期創業、福岡県久留米市の書店。日記に出てくる六ツ門店は2019年に閉店。

七輪
燃料に木炭を用いて食材を煮たり焼いたりする、土製の簡易なこんろ。

長門石
現在の久留米市長門石。

小森野
現在の久留米市小森野。

て帰りかけたら、同じ農園作業の中村・前園が来たので、その自転車で山本・久富君が学校へたしかめに行って、今日はないといった。で帰った。

帰って豆をいったり、近代劇の小説をよんだりした。

六月九日（土） 晴

作業は、医専の裏の農園の麦刈りである。刈るのだけで午前中かかり、しばるので六時半までかかった。我々が作業をしている間にも、落穂ひろいの人がたくさんやってきて、追っぱらっても、やってきた。午前中休み十分間、午後十分間で、とてもつらかった。

帰りはゆっくり歩いて帰った。

うちへ帰りついたのが、七時半。

林さんが入営した。

正午注意報発令。

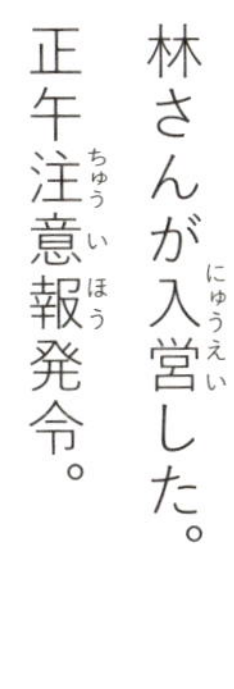

医専
九州医学専門学校の略。現在の久留米大学医学部。

落穂ひろい
食料不足を少しでも補うために、麦などを刈ったあとに落ちている穂を、ひろい集めること。

入営
兵役につくために、軍人が集団で居住している場所に入ること。

六月十日(日) 晴後薄曇

午前は、刈った麦の運搬及び麦の実をたたいておとす(脱穀)作業であった。

午後は一丁田へ麦刈にゆく。一年もついて来た。この作業は三時にすんだので、すぐ帰った。

おはぎをたべた。晩、週刊朝日を読んだ。

六月十一日(月) 曇

今日は雨が降りそうな天気である。

今日の作業は脱穀した実と籾がらとわける作業(午前中)と、午後は南瓜を植える為に、こやしを入れる穴をほった。(一、二組のみ)

今日は明善校生徒は、我々をのぞいては、みな、きのうの雨のため休みだったという。

帰宅の途中で、西脇君から雀の子をもらった。まだ毛が充分にはえておらず、飛べぬ。小さい箱の中に、巣といっしょに入れておいた。餌はなかなか食わぬ。

こやし
肥料のこと。

六月

鳥籠がないので不自由だ。

晩御飯は、國武さんのところでいただいた。それは母が國武さんにお灸をすえに香椎まで行って、おそく帰って来たので、そのお礼の意味で食事をすすめて下さったのだと思う。お風呂もいただく。

九時半、床につく。

六月十二日（火）　曇後雨

一時頃、空襲警報あり。

五時頃、情報注意報発令さる。

朝起きてみると、昨日の晩から今朝にかけての雨で、作業がありそうになかったので、ゆっくりかまえていたら、久富君が学校へ電話をかけて、作業はあるといったので、急いで登校。作業は、工作室横の畑をたがやしなおして、うねをつくる作業だった。十時過ぎ終了。今日作業があったのは、我々だけとのこと。

雀はたいへん元気であるが、一日中鳴いている。親が恋しいのか。餌は実によくたべる。餌を近付けると、大きな口をあけて、がむしゃらに食いつく。

香椎
現在の福岡市東区。

うね（畝・畦）
作物の種をまいたり植えつけたりするために、畑の土を筋状に盛り上げたもの。

雀は小さい箱の中では不自由だろうと思って、「鼠取り」の中へ入れてやった。世話するのが一苦労である。

山本君から軍歌集を借りた。

西田君が、うちに「都市覆滅団」をおいていったのでよんだ。前に井上から借りてよんだことのある小説。

二十一時、警戒警報発令さる。

六月十三日(水) 曇

朝、雀はとうとう死んでしまった。どうしてだろうか。かわいそうなことをした。

今日は慰労休暇である。

昼御飯を父と國武さんのところでいただく。その頃から雨少々降り出す。
帰ったら竹中先生が召集が来たといってこられた。
「狼少年」を読む。時計(こわれた置時計)をいじった。
九時半就寝。

六月十四日(木) 曇

今週は父と金田先生が週番。
今朝〇時頃、空襲警報発令せらる。
B29 10機が周防灘に侵入、機雷敷設す。
十九時半から原田先生がおいでになって二十二時にお帰りになった。
数二・物象の本、配給あり。
十二時情報注意報。

召集
国民兵として、軍隊に呼び出されること(→資料編102ページ)。

機雷
水中に設置し、艦船が近づいたり触れたりすると爆発する水雷。

六月十五日(金) 曇後雨

きのう寝るのがおそかったので、朝ねむくてならなかった。

きのうの本のお金を集めて、原田先生に提出す。

帰りは、じっとりぬれた。母が父に傘をとどけにゆく。猪口さんが来た。母が傘をとどけに行った間に、母のこねてあったパンをふかした。よく出来た。

この頃は、先日麦粉?の配給があったので、パンばかり代用食にたべる。

野田君から切手一枚もらった。

六月十七日(日) 晴

屋上朝礼。

野田君から切手二枚もらう。

水曜の授業あり。午前中で授業うち切り。

午後から松崎というところへ、いもの苗をうえに行った。家を出たのが二時。行きがけは、端間で電車をおりて、荒巻という家へ一度よって畑に行った。駅

麦粉の配給
麦粉は麦の粉。小麦粉のこと。「?」は原文ママ。戦時中は、数の少ない生活必需品を国民に割り当てるため、配給制が実施された。米や麦、砂糖などの食料は、家族の人数によって買える量が決められていた(→資料編120ページ)。

代用食
米などの主食の代わりにする食品(→資料編118ページ)。

松崎
現在の小郡市松崎。

端間
現在の小郡市福童にある西鉄天神大牟田線の駅。

から畑まで一里半位である。四時から作業を始めて七時までする。一畝ぐらいたがやして、なえをうえつけた。畑のすみで、御飯を腹一ぱいたべた。帰りにまた荒巻へよって、パンをいただいた。また、キャベツや竹の子、玉ねぎをいただいた。うちへかえりついたのが十時だった。

今日は僕の誕生日である。

六月十八日（月）曇

きのうの二十三時頃、空襲警報が出て、今朝の三時頃までつづいた。敵機来襲の鐘が十なんべんか鳴った。大牟田と北九州要地がやられたものと思われる。今日は一丁田の作業である。平鍬を持って学校へ集まった。一丁田では、たがやして、うねをつくって一部南瓜の苗をうえた。きのうは、ずっとおきていたので、ねむくてたまらない。作業が終わって竹内先生から叱られてたっている時、警戒警報が発令された。

腹少々痛む。きのう食べ過ぎたせいか。

七時頃就寝。

六月十九日（火）晴

腹やはり痛し。

山本君から「おさらひ横町」をかりた。

我々の工場行きは、今月の二十四、五日頃かららしい。勉強出来るのも、あと

大牟田
福岡県南西部。炭鉱とともに発展してきた工業都市。久留米市から40キロメートルほど南に位置する。

四、五日しかない。戦いは最後の五分間までという。勉強も最後の五日間を一生懸命やろう。

山口浩邦君のため、言志録の解釈を少し書いてやった。

ツベルクリンの注射を学校でした。

父、てんこの演習。

六月二十日(水) 晴

腹痛の為、欠席する。父、てんこの演習のため欠席する。腹痛、午後になり止まる。

啓明英数学院へ英語科規則書請求す。

四時過ぎ、原道太さん(陸士)がいらっしゃった。

きのうの十一時頃から空襲警報が発令されて、敵機来襲の鐘が二十度位なった。およそ敵機が脱去したと思われる時、床屋のかどから北をみたら、空の雲が赤くそまっていた。みんな、きっと福岡だろうといっていたが、ほんとにすごかった。後にきくところによると、その雲を紅に染めた焔は、駅(福岡)のそ

言志録
1824年に刊行された書籍。修身や求道(真理を求めること)について説いたもの。

ツベルクリンの注射
結核に感染していないか調べる注射。現在は使われていない。

てんこ
「点呼」の意か。

十一時頃から空襲警報が発令
6月19日の福岡大空襲のこと(→資料編98ページ)。

ばにおいてあった石油に火がついたものだということがわかった。福岡は相当の損害があったもののようである。
我が久留米にも敵機の来襲は近いうち必ずあるだろう。我々は、しっかり胆をつくっておかなければならぬ。

六月二十一日（木）晴

不意に二十五日からの予定の工場動員が今日からとなった。しかし、この五日間は仮動員なのであって、本当の動員は二十六日かららしい。この五日間は二年の二・三・五組は「日華ゴム」へ行った。
二組の作業は、北茂安というところでの「ゴム靴」の運搬作業である。トラックに乗って行った。そして北茂安の大きな庫の中へ靴を五十足ずつ束ねて二階へかついであげた。兵隊さんが二十名ばかり来ていた。我々だけで今日中に十数万足運んだ。なれない作業なので大変つらかったが、みんなもくもくとして働き、なまけるものは、少しもなかった。帰りは、六時過ぎになった。
九時頃、空襲警報あり。

工場動員
1944年、学徒勤労令により中等学校以上の国民が工場などに配置された（→資料編114ページ）。

日華ゴム
久留米市にあるゴム会社（当時の日華護謨工業）。現在のムーンスター。久留米では、明治時代には足袋を製造していたが、第一次世界大戦後に日華ゴムと日本ゴム（現在のアサヒシューズ）が、ゴム底を貼り付けた地下足袋とゴム靴の生産を開始。昭和に入り、ブリヂストンタイヤ／日本タイヤ（現在のブリヂストン）が日本初のゴムタイヤの工場生産を始め、ゴム産業の街となった。

北茂安
佐賀県東端の地域。現在の三養基郡みやき町。久留米の西側、筑後川をはさんだ向かい側に位置する。

帰ったら疲れていたので、すぐねてしまった。

六月二十二日（金）　晴

今日もきのうと同じ作業。

午前は、きのうと同じ二階へのつみ上げ作業だったが、午後は五十米位の距離を運搬する作業だった。その路が坂なので、向こうの倉へとどく頃には、へたばってしまって、足が動かなくなってしまった。僕はその間落とさずに運んだが、みんな途中で落としてしまっていた。

帰りはトラックでなくバスで帰った。

七時半就寝。

朝五時、警報発令
十時、警戒警報

六月二十三日（土）　曇後雨

今日も同じく北茂安において作業。

今日はトラックが十台位しか来なかったので、大変楽だった。ねむくてたまらない。

三時頃より雨となり、帰るころには相当盛んに降ったので、バスで帰った。

今日は左程肩はこらない。なれた所為か。

朝八時過ぎ警戒警報あり。

六月二十四日(日) 曇少々雨

今日も北茂安に於いて作業す。

今日は靴運搬のバスの来方が大変少なかったので、ほとんど遊んでいた。昼過ぎに雨が少し降ったが、帰る頃には止んでしまった。

今朝〇時頃、空襲警報が二回発令されたので、服装をかためて、國武さんのところへ荷物を少し運んだが、間もなく解除となった。

父は今日、宿直である。

今朝の〇時空襲警報二回。

来方
「来訪」の意か。

六月二十五日(月)

今朝五時頃、警戒警報発令。

今日は「日華ゴム」にて作業す。北茂安には三組が行く。作業は地下足袋を手押車で運搬して、貨車につみこむホームで下ろす作業。午後より頭痛の為、早退す。寝冷えした所為か。

ねながら、前から國武さんにお貸ししてあった「イギリスの伝説と神話」をもどしてもらって、少しばかり読んだ。父が「久留米観光読本」を生徒の家からもらってかえって来た。

晩は十時頃ねた。今晩は久しぶりに僕の部屋でねた。今までは、客間で一人でねていたのだが。

地下足袋
（地下は当て字で、「じかに土を踏む足袋」の意といわれる）労働作業に用いるゴム底の足袋。

「イギリスの伝説と神話」
中島孤島編『イギリス神話伝説集』（誠文堂、1934）のことか。

久留米観光読本
軍都、産業都市として発展してきた久留米の観光ガイド。1938（昭和13）年、久留米市観光協会が刊行。

客間
来客を通して応接する部屋。

六月二十六日(火) 曇

今日は慰労休暇。

頭は、もうすっかりよくなった。七時半、起床。

うちのトマトは、もうすっかり大きくなって、実もだいぶ大きくなり、もはや赤くなるのをまつばかりである。

竹中少尉、十時頃いらっしゃって玄関で話をしばらくされた。

中村君に初めて(生まれて)のローマ字の手紙を出した。

母はいもの苗を植えに松崎に行って、二十二時になってもかえらない。

沖縄島将兵最後の突撃敢行の件、新聞紙上発表さる。

○時頃空襲警報

六時頃警戒警報発令

西日本新聞

沖縄本島・皇軍最後の總攻勢

最高指揮官牛島中将

海軍指揮官は大田少将

殺傷八萬・六百隻を撃沈破

島田知事ら官民敢闘

太平洋最大の出血戦

本土強化に貢献至大

沖縄島将兵最後の突撃

1945年6月、沖縄戦で日本軍が最後の総攻撃を行った。

左はそのことを報じた西日本新聞の記事。

六月二十七日(水) 曇わずか雨降る

今日、入所式(日本ゴム)があるので、弁当だけ持って学校集合。今朝の警報で、入所式が午後二時に延ばされた。入所式は旭寮にて行わる。今度新しく日本ゴムへはいる学校は、明善と久高女と淑徳高女の二校なので、我々といっしょに他の二校も行われた。明善二組(2、5)、久高女二組位、淑徳高女二組乃至三組。宣誓は明善を代表して僕が読んだが、簡単な文だったので、よかった。久高女なぞは、作文みたいにながいものを読んだが。今日は入所式のみにて帰る。作業は明日かららしい。我々の作業の種類は、まだわからぬ。

二組の出動人員は、五十六名の予定。

一時空襲警報発令

六月二十八日(木) 曇後雨

八時に学校集合。すぐ日本ゴムに行く。第一講堂に一時間半ばかり休んだ後、十時より工場見学。自分が工場に対して持っていた考えと、実際目で見た工場

日本ゴム
久留米市にあるゴム会社。現在のアサヒシューズ。

久高女と淑徳高女
久留米高等女学校と久留米淑徳高等女学校のこと。戦時中の学校制度(→資料編110ページ)も参照。

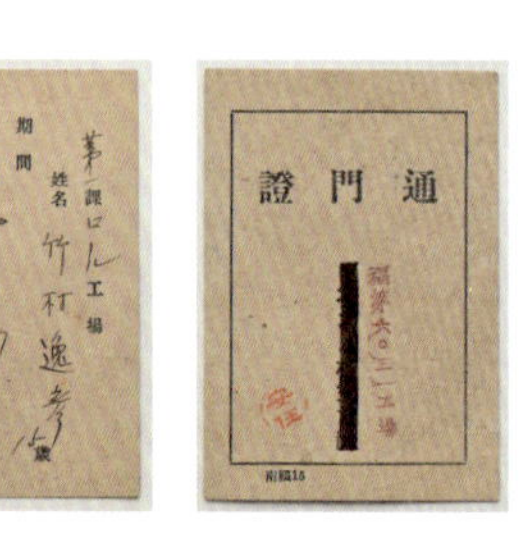

竹村さんの日本ゴム工場通門証(久留米市)

とは雲泥の差があった。工場は、だいぶん、つらい所である。午後二時より旭寮のむかいの病院にて身体検査あり。身長一四五・一糎、体重40K、胸囲72糎、視力右0・3、左0・5。

我々の作業はロールである。大きな円筒(直径50‐60㎝)のゆっくり廻っている中にゴムを入れて、どうかする作業のようであった。

空襲の必至にかんがみ、衣類その他の行李づめに父母は大童である。松本さんあたりにあずけるとのこと。

動員学徒の腕章をもらった。紙製。

十九時過ぎ、深町さんがいらっしゃった。二十三時ごろまで。

○時半空襲警報

六月二十九日(金) 曇

朝、工場に行くのが遅くなりそうなので、父の自転車にのって行った。

工場の門前に七時四十分集合。第一講堂にて、草葉第一工場長他の一人から、安全教育、防諜防衛につき講話あり。午後より「金映」に「姿三四郎」をみに行く。

行李
衣類などを入れる、竹や柳で編んだ物入れ。

動員学徒の腕章
「七月一日」(38ページ)を参照。

防諜
敵の諜報(スパイ)活動を防ぐこと。

姿三四郎
天才柔道家、姿三四郎の成長をえがいた小説を、黒澤明が映画化。1943(昭和18)年に公開。

金映
久留米市街にあった金星映画劇場のこと。

男らしい勇壮な映画だった。晩御飯は僕がたいた。母は稲植えに北野に行ったからである。とても美味しくたけた。

二十時就寝。

二十八日二十四時三十秒前警戒警報、直に空襲警報、敵機来襲三、四回あり。

六月三十日(土) 雨

八時半頃、米多比勤労課長の講話中、警戒警報発令さる。直に帰宅す。十時解除。西田がうちで弁当を食べた。十三時工場集合。工場へ行ってもロール事務室のよこで遊んでいた。十六時帰宅。今日は眠くてたまらない。

○時空襲警報

八時半警戒警報

一九四五年 七月

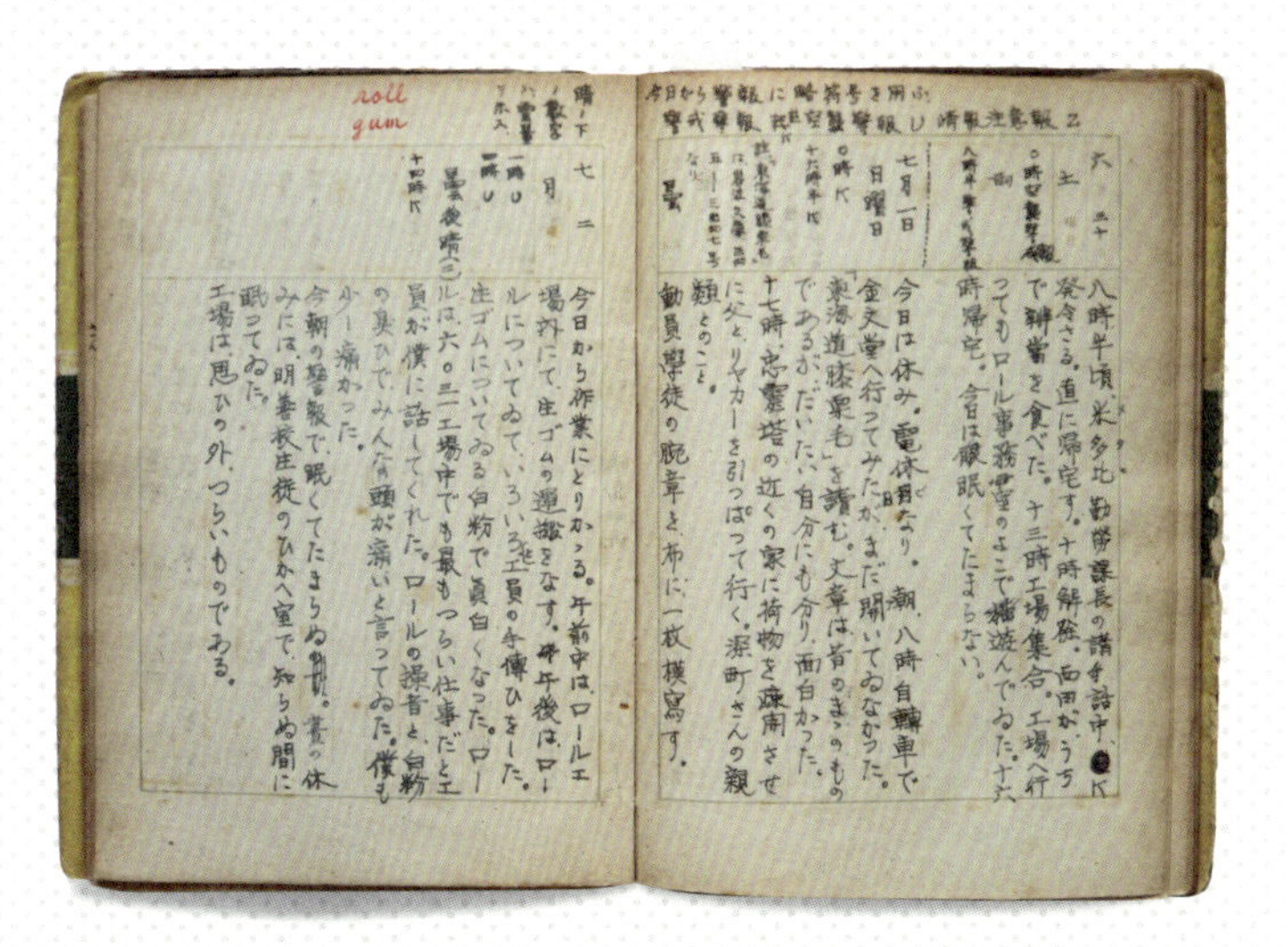
今日から警報に略符号を用ふ
警戒警報K 空襲警報U 解除注意報Z

八時半頃、米多比勤労課長の講演中、K発令さる。直に帰宅す。十時解除。西田がうちで弁当を食べた。十三時工場集合。工場へ行ってもロール事務室のよこで遊んでゐた。十六時帰宅。今日は眼眠くてたまらない。

七月一日 日曜日

今日は休み。電休日なり。朝、八時自転車で金文堂へ行ってみたが、まだ開いてゐなかった。東海道膝栗毛を読む。文章は昔のまゝのものであるが、だいたい自分にも分り、面白かった。十七時、忠霊塔の近くの家に荷物を疎開させに父と、リヤカーを引っぱって行く。深町さんの親類とのこと。動員学徒の腕章を布に一枚模写す。

七月二日 月曜日

roll
gum

今日から作業にとりかゝる。午前中はロール工場外にて、生ゴムの運搬をなす。午後はロールについてゐて、いろいろ工員の手傳ひをした。生ゴムについてゐる白粉で真白くなった。ロールは六〇三工場中でも最もつらい仕事だと工員が僕に話してくれた。ロールの騒音と、白粉の臭ひで、みんな頭が痛いと言ってゐた。僕も少し痛かった。今朝の警報で、眠くてたまらぬ。昼の休みには、明善校生徒のひかへ室で知らぬ間に眠ってゐた。工場は思ひの外、つらいものである。

七月一日(日) 曇

今日は休み。電休日なり。朝八時、自転車で金文堂へ行ってみたが、まだ開いていなかった。

「東海道膝栗毛」を読む。文章は昔のままのものであるが、自分にも分かり、面白かった。註、「東海道膝栗毛」は、岩波文庫三四五-三四七号なり。

十七時、忠霊塔の近くの家に荷物を疎開させに、父とリヤカーを引っぱって行く。深町さんの親類とのこと。

動員学徒の腕章を、布に一枚模写す。

〇時警戒警報

十六時半警戒警報

七月二日(月) 曇後晴(二) 晴ノ下ノ数字ハ雲量ヲ示ス。

今日から作業にとりかかる。午前中は、ロール工場内にて生ゴムの運搬をなす。午後はロールについていて、いろいろと工員の手伝いをした。生ゴムにつ

電休日
電力不足により工場の操業を週に一度止める日。

東海道膝栗毛
江戸時代後期の作家、十返舎一九の滑稽本。東海道中膝栗毛とも。

忠霊塔
戦死した兵士の霊を祭る塔。久留米市野中町の陸軍墓地にある。現在の久留米競輪場の敷地内。

動員学徒の腕章
竹村さんが実際に使用した腕章。「六月二十八日」(35ページ)の紙製の腕章を自分で布に転写。

いている白粉で真っ白くなった。ロールは、六〇三一工場中でも最もつらい仕事だと工員が僕に話してくれた。ロールの騒音と白粉の臭いで、みんな頭が痛いと言っていた。僕も少し痛かった。
今朝の警報で眠くてたまらぬ。昼の休みには、明善校生徒のひかえ室で、知らぬ間に眠っていた。
工場は思いの外、つらいものである。
一時空襲警報
四時空襲警報
十四時警戒警報

七月三日(火) 曇後晴後曇

今日は主として運搬。さほどつかれず。
久留米駅に「白菊特攻隊・宇都宮一飛曹」がいらっしゃった。
工場にて"fly-paper"の配給あり。五銭。明日より工場でつける日記の紙をとじた。

六〇三一工場
日本ゴム工場を指す符号。

白菊特攻隊
太平洋戦争末期、戦力不足により、戦闘機よりも機能がおとる練習機の「白菊」を使用した特攻隊(大量の爆薬を積み込んで、敵艦に体当たりする突撃部隊)。

一飛曹
旧海軍の下士官の階級。一等飛行兵曹。

fly-paper
ハエ取り紙。ハエを捕らえるために、ねばりのある物質をぬった紙。

八時半就寝。
三時五十分警戒警報
十四時警戒警報（大型一機）

七月四日（水）晴

今朝の空襲警報は、三時間以内に解除になったのだろうと思って、九時半に工場に行ったら、三時間以上続いたということで、一旦引き返した。

山本君に「無人島に生きる十六人」と「東海道膝栗毛」をかした。

十二時に工場に行こうとしていたら、空襲警報が出たので行かなかった。

父がどっかから帳面四冊もって来て、僕にくれた。

母が北野に行ったので、夕御飯は自分で炊いた。今頃はとても御飯の炊き方が上手になって、我ながら感心してしまう。

二十三時四十分空襲警報
三時解除
十二時空襲警報

「無人島に生きる十六人」

東京高等商船学校の教官、中川倉吉が実際に体験した無人島でのサバイバル生活を、実習生だった須川邦彦が小説化。1941年から1942年まで「少年倶楽部」で連載、1943年に単行本化。

七月

十二時四〇分解除(かいじょ)

七月五日（木）

きのうは、僕は工場へ行かなかったが、少数の者は行ったとのこと。岩熊先生も行かれたということだ。今朝、きのう行かなかった者に対して、先生のお説教があった。だいたい行かなくてもよいのに、先生の間違いで、反対に我々が説教されるなんて不公平だ。

九時と十四時に空襲警報発令され、工場を出て学校に待避す。

今日は主として運搬をなす。もう、だいぶん工場になれて、ロールの前にたっても頭痛はしない。

九時空襲警報
十一時警戒警報
十四時空襲警報

七月六日（金）　曇後雨

午前は運搬とシャツを染める作業をした。

午後はロールのゴム切りをした。一生懸命ゴム切りのけいこをしたので、横にきりはなす位なら出来るようになった。なお、今のところ、ゴムが横に切りはなせるのは七、八名である。(総員二十九名)

今日から前掛けをもって行く。

父が帳面を六冊どこからか買って来た。

諸橋さんが来た。

大野君に飛行少年三冊貸す。(ソリッド・モデルをつくるとのこと)

七月七日(土) 曇

一日中、運搬。

物資配給帳をロール事務所の女の事務員に出した。あとからみてみたが配給帳には何も記入していない。

十二時五分警戒警報

飛行少年
大日本飛行少年団発行の雑誌。最新機や最新の航空事情について紹介。

ソリッド・モデル
プラスチック、金属、木などでつくる精密な模型。

七月八日（日）　快晴（十時・二十三度）

今日は電休日。久しぶりに晴天をみた。

午後、又忠霊塔のそばの家に、車二台に荷物（たんす、その他）をのせて、ひっぱって行った。九時就寝。

八時半情報注意報

七月九日（月）　晴

少々腹痛む。

今日は特別に山本・諸藤・原口・益永の四人と原料倉庫にまわされた。反物（地下足袋等に用いる布）を肩で運搬する。相当重かった。けれども、ロール工場よりは、ずっとひまがあった。足袋のこはぜを少し持って帰る（幹部の許しあり）。

朝飯は腹痛の為、ほとんど食わず。

十二時警戒警報

足袋のこはぜ
足袋の合わせ目につける、小さな留め具。

七月十日(火) 曇後雨

きのうの晩から今朝にかけての警報にて、九時一〇分に工場に集合。

今日は、主として二階のレール付きの台車を押した。今日は殆どよごれなかった。

今日、父は宿直の為、自転車に乗って帰る。雨でぬれた。帰ってすぐ、父に弁当をとどけに行く。父より小刀をもらう。

腹痛なおらず。胃拡張か?

今晩、山本君の兄さんのお通夜があるとのこと。

この頃、工場への欠勤者が次第に多くなっている。疲れる所為か? 総員二十九名(ロールのみ)欠勤九名。

二十三時半空襲警報
一時空襲警報

小刀
鉛筆を削るなど、日常の雑用に用いる小さな刃物。ナイフ。

七月十一日（水）　曇後雨

自転車にのって学校に行く。

巻いたゴムの肩運搬をなす。

七時過ぎより八時過ぎまで約一時間、父と國武さんと僕と三人で野中の方に散歩に行く。腹痛大分よくなる。晩、雨大いに降る。

二十四時警戒警報

七月十二日（木）　豪雨

朝より豪雨。今朝の空襲警報により九時一〇分工場に行く。豪雨の為、筑後川の水量大いに増し、流木が多かった。水は、工場のすぐ横の道まで来たり、モーターの下部は水にひたった。それで、第一ロール工場は作業をしなかった。ただ、第一ロールの中の硫黄等を水にひたらぬよう、第二ロールにうつす作業あり。或る友達の家あたりでは頭のところあたりまで水が来ているとのことで、一旦工場に出て来たが、早引す。四名早引す。六〇三一工場は、全員三時に作

筑後川
九州北部（福岡県・佐賀県・大分県・熊本県）を流れる、九州最大の川。古くから、氾濫の多い川として知られる。

七月

業をおえて帰宅す。註＝堤防はくずれていない。晩もずっと雨は降りつづく。

腹痛は殆どよくなった。
○時半空襲警報
十時警戒警報

七月十三日(金) 快晴 二十九度(十八時)

一旦、工場前に集合したが、きのうの工場への浸水で工場は仕事が出来ぬため、男子学徒下学年、女子学徒及び女工員は休みとなる。我々は学校へもどって、教室で岩熊先生のお話の後、貯金通帳をもどしてもらって帰宅す。十二時帰宅。

明日より四、五日間は、工場へ行かずに勉強があるとのこと。いやだなあ。

十六時、深町さんに百科事典をとどけ、そのついでに野菜をもらって帰り、又楠さんに火災保険をたのみに行く。

晩、上田(一年生)が習いに来た。

二十三時警戒警報
一時警戒警報

貯金通帳
学徒動員の給料は、工場から一括して学校に支払われた。生徒たちは学校に預金(貯金)通帳を預け、授業料などを差し引いた金額が振り込まれたという。

七月

七月十四日(土)　曇少々雨

朝から曇天。十時に登校。英・作・物・数の四時間授業あり。

十四時頃より雨となる。猪口さんが来た。(髪をかりに来たる)

○時半空襲警報

七月十五日(日)　曇

今日は休みである。朝から西洋紙の四倍位の面積の方眼紙に、うちの間取図をかいた。十六時、ほぼ完成。自転車の掃除をなす。

十八時頃、今時見ない練習機(複葉)が数十機、低空にて南に飛ぶ。

夕飯をたく。(母、いも畑の草取りに行く)

十三時半警戒警報

七月十六日(月)　曇少々雨

髪をかる
バリカンで丸刈りにする。

複葉
複葉飛行機。主翼が上下2組ある飛行機。

十時登校。今朝は敵機来襲の鐘が五六回鳴ったが、いずれも北九州要地方面からの帰りの敵機だったので、よかった。

十四時四十分頃、空襲警報。佐賀・大牟田方面に来たものと思う。

一時空襲警報

十四時四十分空襲警報

十五時三十分解除

七月十七日（火） 曇後雨

学校の帰りに市役所へ行って、海軍志願兵の願書をもらいに行ったが、主計兵になるには、年齢が一年足らず、又視力がずっと足りないので、うけるわけに行かぬ。主計兵から海経へ行こうと思っていたのに残念だ。しかし、僕の本当の志望は高等学校である。陣屋のおじいさんが初めてお見えになった。

父に海経志願を尋ねてみたら、相当むずかしいとのこと。六十人位しかとらないとのこと。僕のようなボンクラには、とうてい出来ないらしい。

〇時十五分空襲警報

主計兵
軍の会計や食料・衣服などにかかわる兵士。

海経
海軍経理学校。主計兵の教育や訓練をする学校。

高等学校
旧制中学から、上級学校である高等学校に進学するのは、大学に行くためのエリートコース。

陣屋
現在の久留米市北野町陣屋。

七月十八日(水) 晴

今月から又工場。第一ロール工場のモーターは取り外され、ロールは錆がいっぱいはいっていた。水は工場内に三十糎位の深さまで浸入して来たとのこと。白い粉なんか、みんなぬれてしまっていた。

帰りは父が宿直のため、自転車にのって帰る。そして又弁当をとどけに行く。

帰りはバス(最終、十九時二十分)で帰る。

十二時警戒警報

七月十九日(木) 晴

今日は休み。今朝は久しぶりに警報が出なかった。ねぼうする。

十八時半、元、見附町にすんでいた時、うちのすぐ裏で大へん仲よくしていた遠藤さんが、ひょっこりおみえになった。父は、たいそう喜んでいた。僕も大へんなつかしかった。お話によると、僕等が久留米に来てからすぐ召集が来て、中支に行かれたそうで、六年間中支にふみとどまれて、十日ばかり前に、ここへ

見附町
竹村さん一家が1939(昭和14)年まで住んでいた、静岡県磐田郡(現在の磐田市)の町。

おいでになったとのこと。そして子供(一郎)さんにもお会いになっておられないとのこと。(陸軍中尉)たいへん、なつかしかったので、話がはずみ、いつまでたっても、あきなかった。約四十冊の帳面を疎開させんと、三個に平均してしばる。

七月二十日(金) 曇少々雨

およそ二十三時頃、警戒警報さる。敵機二機上空通過。せん回したところをみると、偵察したのか。

午後は主として原料倉庫(ロール課)で、生ゴムを縄でしばる作業をする。大いによごれた。手がゴム臭くなって、のかない。

十九時頃、忠霊塔横の家に、帳面全部と、僕の辞書(辞苑・新字鑑)及び二年教科書及び大型竹製計算尺を自転車にのせて疎開させに行く。どうしてそんなに急いで疎開させたかというと、きのうの夜の敵機が偵察したのをみると、どうも今晩ころ空襲がありはせぬかと思うから警戒せよと、師団の参謀の方から学校の方に電話がかかったそうであるから。

中支
現在の中国の華中。揚子江と黄河にはさまれた地域。

警戒警報さる
「警戒警報発令さる」の意か。

のかない
取れないの意。方言。

辞苑
『広辞苑』の新村出が編集した国語辞典。『広辞苑』の前身。1935(昭和10)年刊行。

新字鑑
塩谷温が編集した漢和辞典。1939(昭和14)年刊行。

七月二十一日(土) 曇後晴

今朝は警報が出なかったので、よく寝ることが出来た。

一旦工場に行ったが、今日は休みとのことで、一応学校へ行ったのち、すぐ帰宅する。

七月二十二日(日) 曇

日曜であるが、二年二組だけ出勤。ロール班は加硫班と一しょに、及び四年生(ロール班)と、第四工場横の原料倉庫で硫黄のトラックつみこみをなす。一日僅かに二十袋位しか運ばなくてよかった。目に硫黄が入って大いにしみる。

父母共松崎のいも畑の草取りに行ったので、晩御飯は自分で炊いて食べた。おかずは漬物・梅ぼし・鰹節のかいたものとですます。

この四五日は夜寝る時、のみが体をくって、かゆくてしかたがない。時々つかまえるけれど…。

十一時警戒警報

加硫
原料の生ゴムに硫黄などをまぜて加熱すること。弾力が増す。

鰹節のかいたもの
鰹節を削ったもの。「かく」は削る意。

七月二十三日（月） 曇

おととい書いた葉書をだすのがおくれて、今朝出す。

今朝の敵機は、主として朝鮮海峡及び宇部・関門地区にて行動した模様である。朝鮮海峡に向かった敵機は六目標で、有明海より北西進して平戸方向に向かったので、一時は「久留米・佐賀・長崎警戒を要す…」とアナウンサーがいった。

今日は休暇。八時半、警戒警報とともに起床。

きのうの晩は、目がいたくていたくて中々眠れなかった。

國武さんは今まで病気でずっと休んでいらっしゃったが、今日から工場に行かれるとのこと。伯母さんが心配していらっしゃった。

牛島一雄さんが十六時頃こられた。

七月二十四日（火） 曇

○時半空襲警報

四時頃警戒警報

八時半警戒警報

朝鮮海峡
朝鮮半島と対馬のあいだにある海峡。

宇部・関門地区
宇部は山口県宇部市、関門は関門海峡をはさんだ山口県下関市と福岡県北九州市のエリア。

平戸
長崎県の平戸。

七月

山本君と二人で十字路まで行った時、空襲警報が発令されたので、すぐ引きかえす。そして解除になって工場の門についた時、又空襲警報が出、それから又一回出たが、いずれも場内待避した。今日のように空襲警報が三回も出たことは珍しい。敵機は主として小型機。

晩、國武さんが遊びに来た。ほんの少し頭痛す。

○時四十分警戒警報

七時七分空襲警報

九時二十分空襲警報

十二時半空襲警報

七月二十五日（水）　晴後曇

作業は運搬。

十二時頃、ちょうど弁当を三口ぐらい食べた時、空襲警報が出たので、場外待避をした。

場内待避

空襲警報が出たときに、とりあえず工場内の防空施設に待避すること。場外待避は、外に掘られた防空壕などに急いで待避すること。

バスで帰らず歩いて帰った。
三時十分警戒警報
十二時空襲警報

七月二十六日(木)

九時一〇分出勤。作業は加工班(班長染川)と共に事務所裏の紙袋をおきかえて、下にうずまっている軸受(直径二糎・四糎)をとり出す作業。袋についている粉のため、大いによごれた。空気も粉でわるく、鼻がいたかった。みんな体中真っ白になった。だいたい午後までかかると思われていた作業を午前中にしてしまったので、昼前で作業をやめて、その後〇時二十分より隣組の編成があり、それから、すぐ帰った。父宿直のため、自転車でかえる。五銭で空気入れ。今日の作業中、軸受が足に落ちて来たのが少し痛んだので、ヨードチンキをつけた。
〇時半空襲警報
十五時三十五分空襲警報

軸受
機械(どんな機械かは不明)の回転する部分の軸が、摩擦などでこわれないように支える部品。

ヨードチンキ
傷口などを消毒する薬。ヨウ素を含み、濃い赤茶色をした液体。

七月二十七日(金) 曇

今朝はB29がてっきり久留米にくるものと思いこんで、びっくりした。ラジオは「久留米厳戒を要す」と三回位いったし、B29は単機ずつで何回も上空を通過するし、照明弾は二発久留米の東の方に落ちるのがみとめられたし、実際びっくりした。久留米に必ず来ると思ったので、大急ぎで自転車を松本さんへあずけ、ラジオも外して國武さんの防空壕へ入れたが、空襲はなかったので、ほっかりした。道から南の空を見たら、淡く紅に空がそまっていた。大牟田の火災もひどいらしいが、六・二〇の福岡よりは、ずっとおとっている。

自転車にて登校す。家を出る時は、だるくてたまらなかった。昼弁当は半分しか食べなかった。腹が少し痛む。

作業はロールの方が仕事はなかったので、ロールの建物のむかいの建物の軒下の石炭をバケツに入れる作業をした。加硫(加工)班といっしょに三十分交代で。途中、場外待避を一度した。今日は山本君は欠席した。

二十時半頃、警報も出ずに、大型一機が来て、久留米の上をとおった。そして敵機のいるところと思われるところで、パッと光が出た。ちょうど敵機を探していた僕は、眼がくらんでしまった。父はその時丁度道を通っていて、上を見

照明弾
夜間の探索や合図などのために、飛行機から投下される照明用の弾丸。

六・二〇の福岡
「六月二十日」(27ページ)の記述のこと。6月19日の福岡大空襲をさす。

ていたら、パッと光ったので、ヤラレタと思って、電柱にしがみついたそうである。それから二十分位して、又大型機がきて通過した。高射砲をうった。
今朝のB29を兜山付近に二三機撃墜したとのこと。
○時一分空襲警報
十二時二十分空襲警報
十四時十五分空襲警報
二十時半警戒警報
二十時五十分警戒警報

七月二十八日(土) 曇(十)

七時頃、小型機十数機、久留米を北進し少し機銃掃射した。高射砲を少し射った。八時二十分頃、小型数十機北進。機銃掃射す。空襲警報は長引いて十五時半解除となる。それで工場には行かなくてよかった。空襲警報中に、敵の小型・中型が通過し、小型機は機銃掃射した。父の話によれば、日本ゴムのロールの事務所(?)の横五六間の所に小型爆弾二発が落ちたとのこと。又工員一名が

高射砲
侵入してくる敵機を攻撃するための大砲。

機銃掃射
標的に対し、機関銃の銃口を動かして射撃すること。

間
長さの単位。一間は約一・八一メートル。

機銃掃射で腹に風穴をあけられて危篤とのこと。
十六時頃空襲警報となりたるも、直ちに解除となる。
ペン字のくずし方を少々けいこした。日暮れに泉・居本君があそびに来たので、一時間ばかり話をし、試験管一本ずつと海軍生徒志願者心得を一枚やった。
二十三時空襲警報
七時空襲警報
八時十五分空襲警報
十五時半解除
十六時空襲警報

七月二十九日（日）

今日は休み。今朝も空襲警報があったが、何事もなかった。

物をうめるための穴を、門柱の右にほった。又そのひまに「岩窟王」をよんだ。

今日は日曜だけれど、工場に行ったものがあったそうだ。僕は岩熊先生が父に今日は休みとおっしゃったと、父がいったので行かなかったが、行ったもの

「岩窟王」

フランスの作家デュマの「モンテ・クリスト伯」を翻訳した小説。「巌窟王」とも。

は普通通り働いて、じゃがいもの配給があったそうだ。二十時、猪口さんがきたが、すぐ帰った。

真夜中警戒警報
九時空襲警報
十一時半空襲警報

七月三十日（月） 曇

作業は益永君と二階の台車押しをした。空襲警報中は場内待避をした。
腹少々痛み、工場にて一度便所に行く。うちへかえってからも数回行く。のどかわく。
第二ロールの上の工場に爆弾が一発落ちているが、被害は全くなし。
夜中空襲警報
九時空襲警報
十一時空襲警報
十四時半警戒警報

十六時警戒警報

七月三十一日（火）曇

腹痛のため欠席す。工場に行き出して初めての欠席。九時半頃までは（六時頃より）一時間に二回位ずつ便所に行ったが、それ以後は、寝るまでに二回便所に行っただけだ。午後はほとんどよくなった。工場であまりに水をのんだせいだろう。しかし、それ程ものんでいない。

生まれて初めて梅肉エキスをのんだ。小さい時よくのんだゲンノショウコににた臭いをもっており、のんでみて体がふるえ上がるほど、すっぱい。

夜中警戒警報

九時四十分空襲警報

一時半解除

二十一時警戒警報

梅肉エキス
家庭薬のひとつ。梅干しよりも殺菌力が強く、疲れや食あたりに効くとされた。

ゲンノショウコ
山野にみられるフウロソウ科の多年草。独特のにおいがある。下痢止め、整腸薬などに使用。

一九四五年 八月

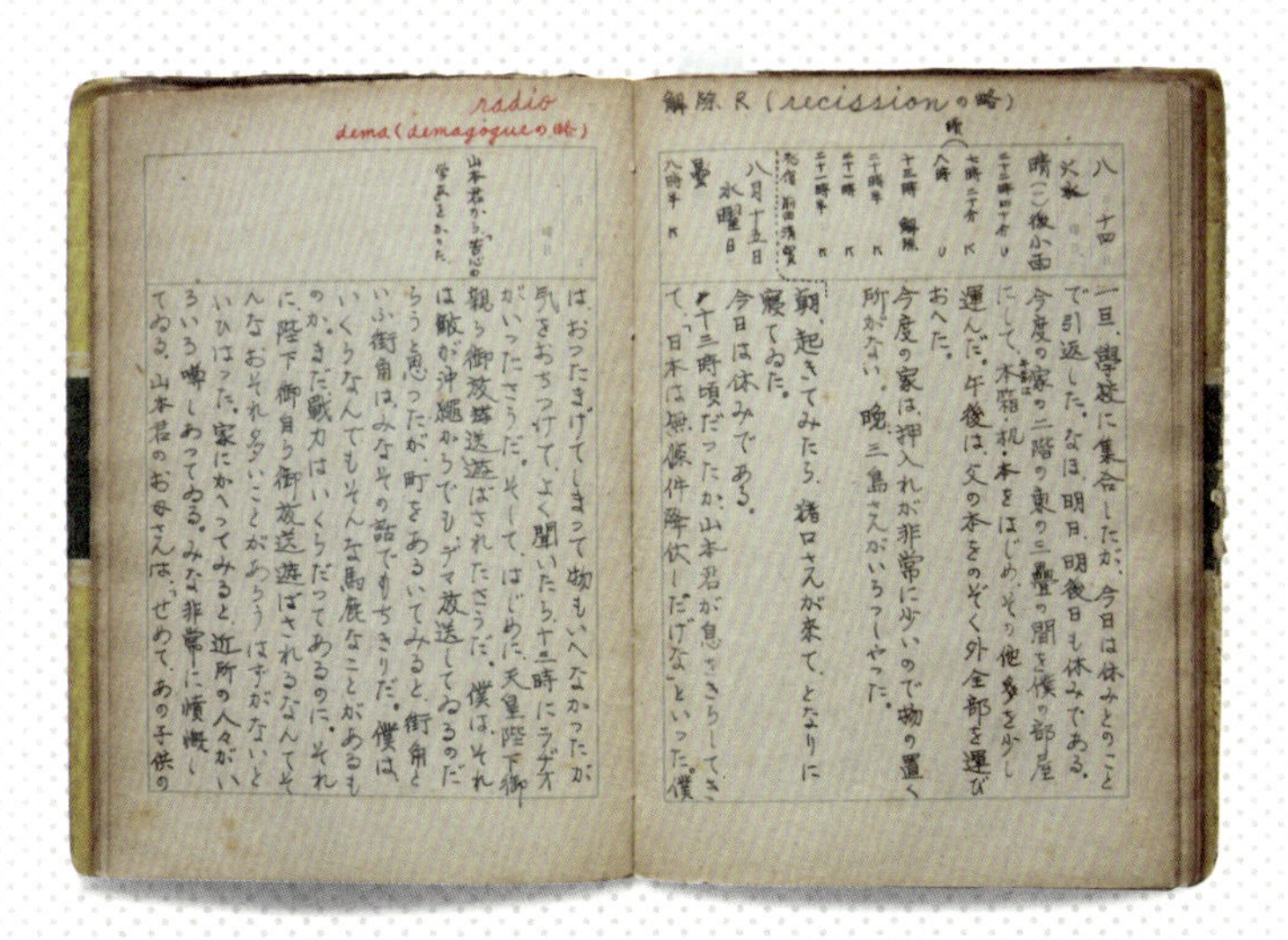

解除R（recissionの略）

八月十四日 火曜 晴（一）後小雨

一旦、學校に集合したが、今日は休みとのこと
で引返した。なほ、明日、明後日も休みである。
今度の家の二階の東の三疊の間を僕の部屋
にして、本箱・机・本をはじめ、その他多少を少し
運んだ。午後は、父の本をのぞく外全部を運び
おへた。
今度の家は、押入れが非常に少いので物の置く
所がない。晩、三島さんがいらっしゃった。

八月十五日 水曜日 曇

朝、起きてみたら、猪口さんが来て、となりに
寝てゐた。
今日は休みである。
十二時頃だったか、山本君が息せききらしてき
て、「日本は無條件降伏しだけな」といった。僕

radio
dema（demagogueの略）

は、おったまげてしまって物もいへなかったが
氣をおちつけて、よく聞いたら十二時にラヂオ
がいったさうだ。そして、はじめに、天皇陛下御
親ら御放送遊ばされたさうだ。僕は、それ
は敵が沖縄からでもデマ放送してゐるのだ
らうと思ったが、町をあるいてみると、街角と
いふ街角は、みなその話でもちきりだ。僕は、
いくらなんでもそんな馬鹿なことがあるも
のか。まだ戦力はいくらだってあるのに。それ
に、陛下御自ら御放送遊ばされるなんてそ
んなおそれ多いことがあらうはずがないと
いひはった。家にかへってみると、近所の人々がい
ろいろ噂しあってゐる。みな非常に憤慨し
てゐる。山本君のお母さんは、「せめて、あの子供の

八月一日（水）　晴後曇（九）

今日も欠席。殆ど良くなったが、まだ下痢する。十二時以後は全く通じはなくなった。

今頃の敵機は主として小型機（本州沖に近づける敵機動部隊の艦上機及び沖縄基地より出たもの）である。

今日より、福岡地区は西福岡と東福岡とに分かたれることになった。久留米は西。

またペン字のくずし方をけいこする。

母、北野に野菜の買い出しに行く。

十時就寝。

二十三時警戒警報

六時半警戒警報

九時半警戒警報

十二時空襲警報

機動部隊
海軍で、航空母艦（航空機を載せて発着できる設備を備えた軍艦）を中心として、空から攻撃する部隊のこと。

沖縄基地
1945年6月末、沖縄戦の組織的戦闘が終了。これにより、アメリカは沖縄から本土を攻撃できるようになった。

八月二日(木) 晴(〇)後曇(十)

今日は養生のため欠席。

母は昼から買い出しに行ったので、一人でぼんやり一日をすごした。きのうよりは力が出る。今日は、ほんとうに久しぶりに警報が少なかった。

國武さんから「街角の理科研究」をお借りした。

二十三時警戒警報

八月三日(金) 曇(九)後雨

今朝は全く久しぶりに警報が出なかった。

今日も欠席。下痢は、きのうまでは、良くなってきていたのに、今日は又悪くなった。九時頃までに便所に四回行った。

松本さんのところに本箱及び本を疎開させるので、客間の本箱二つを出して、その中に大事な本をつめて、あとの二つの本箱は、うちにおいて、その中には別に大事でない本を入れた。

養生
病気やけがの回復につとめること。

裏の飯島さんに召集が来た。もう四十三、四才位の方だけれど。

午後は殆ど便所に行かなかった。

父は今日宿直である。

今日は全く警報が出なかった。一体何日ぶりだろうか。

八月四日（土） 曇（七）後小雨

今日はだいぶよくなって、便所は朝一回しか行かなかった。

十五時頃空襲警報が発令された。この二日間、沖縄方面が暴風とのことで警報が出なかったので、久しぶりにサイレンを聞いたようだ。小型機が久留米平野を通過したようだ。

夕方三人で、きのう松本さんの二階にあずけた本を整理し、且つ又、数十冊の本をもって行った。で、うちには、ほんのガラクタしかない。

僕は今日を加えて五日間欠席したが、山本君も、今日を加えて四日間休んだそうだ。やはり腹痛だそうだ。工場の水道の水は、筑後川の水を直接引いたものだから、やはり僕と同じように生水をのんで腹をこわすのだろう。

十五時空襲警報

國武さんにおととい お借りした本をかえし、「遊びの理科研究」をかりた。

八月五日（日）　晴（〇）

沖縄方面の暴風が片付くと、又再び敵機は九州へやってくる。これから又しょっちゅう空襲があるだろう。

今日は休みである。

うちのトヽトは、もう実はなくなってしまった。今年は、どこの家でもトマトは青枯れしてしまって、大変成績が悪い。うちのも同じである。とうもろこしは、もう実をつけ始めた。南瓜は、だいたいのところ、よく出来て、たくさん実をつけた。やっぱり、うちで作ったものがよく出来て、実をたくさんつけると楽しい。南瓜は一週間位前に野菜が一つもなくなったので、青いのを一つとってたべた。人参は、まだ小さくて食べられない。里芋は葉ばかり大きくなって、馬鹿みたいだ。一体、芋はついているだろうか。十二時十五分、警戒警報と同時に、大型機と思われる飛行機が二十四、五機、高度六千にて南進した。しかし、そのことに関しては情報はなにも入らなかった。でも、あの音、キラキラする光り方など、B29そっくりだった。

晩ねて、うつらうつらしていた時、情報注意警報が鳴ったので、ラジオをかけてみると、「情報によれば、B29凡そ五百乃至六百機は、本日午後、グアム島基

グアム島基地
グアム島は、太平洋西部にある、マリアナ諸島最大の島。太平洋戦争において、1941年に日本軍が占領、1944年にアメリカ軍が奪回した。これにより、アメリカ軍は日本への本格的な空襲が可能となった。

八月

地を出発せり。本土到着は二十二時前後と判断せらる。北九州要地特に厳戒を要す」といったので、びっくりして、大あわてにあわてて用意をした。敵機は分かれて北九州要地に侵入した。又佐賀平野にも三十機来たが、久留米は安全だった。敵機は十回位、頭上を通ったが…。

松本さんのところに、本を風呂敷四つもって行く。

晩は敵機が来そうだったから、松本さんに自転車をあずけた。

今日から、大家さんは、僕のうちの裏門に面した所に、物入れを作り出した。

○時半警戒警報

九時四十五分警戒警報

十二時十五分警戒警報

二十一時情報注意報、後二十四時空襲警報

八月六日（月） 晴後曇

人々のいうところによると、きのうは佐賀の南東の諸富という所が爆撃をうけたそうだ。

厳戒を要す 厳重な警戒が必要である、の意。

諸富 現在の佐賀県佐賀市諸富町。

今日より再び出席。腹痛で欠席する者が非常に多い。作業はロールで練ったゴムを靴底の模様を入れるロールにはこぶ作業だった。ゴムが熱いため肩がやけどのようになってヒリヒリする。

地下足袋(十文半)及び玄米の配給あり。米は凡そ一升二三合。

まだ学校に行っている時、出した木の弁当箱のお金一円十銭を、弁当箱は切符で買うことになったからとて、もどされた。

十時半警戒警報

八月七日(火) 晴

今朝は警報が出なかったので、ぐっすりねむれた。

十二時頃、敵味方不明の大型機三十一機北上し、直ちに南下す。

○時頃、戦闘機一機、上空をせんかい。

作業は荒運搬。きのうの肩のやけどの上に、ゴム板が落ちて来て、皮がむけて痛む。

夕食後、自転車で池上さんへお醤油をいただきに行き、そのついでに遍照院

文
足袋の大きさの単位。一文は約二・四センチメートル。

切符
配給切符のこと。食料や日用品を買うのに、現金に加えて、決められた点数の切符と引き換えるようになった。戦争で不足している物資を、国民に公平に分配するための制度。

お醤油をいただきに行き
豆腐や醤油など買うときは、それをつくって販売する家(店)に器をもって出かけた。

に明日のことをおうかがいに行く。自転車のうしろのタイヤがすぐ空気がぬけて、空気入れを持って行ったが、空気入れに苦労した。國武さんから「海軍への道」を借りた。

父が「中学生」の三、四月号を買って来てくれた。

十銭バス。

七時四十分警戒警報

八時警戒警報

十一時空襲警報

十二時空襲警報

遍照院

久留米市にある真言宗の寺院。竹村家の先祖代々の墓がある。

八月八日（水） 晴

今日は母の一周忌である。で工場は忌引として欠席す。

八時十分頃、空襲警報発令され、十一時頃、B29凡そ二百数十機北上す。約十機ずつの編隊だった。その途中、北の方で飛行機が一機火をふいて落ちた。そのよこに、もう一つ光るものが落ちた。敵機ならよいが。又、そこに落下傘と思われるものが一つ浮いて、ゆっくり落ちていた。又、西の方でB29が一機落ちたとのこと。そして久留米駅の方向に煙があがったのが、赤木さんの二階からみられたそうだ。今日の敵機は、北九州要地に向かったようだ。十四時頃だったか、敵戦闘機数機来襲し、盛んに掃射す。

二時過ぎから、父と遍照院にお詣りに行く。お経があまり長いので、しびれがきれた。

途中で南薫の自転車屋に自転車を修繕してもらう。五十銭。

夕御飯は、國武さんの伯母さんと榮ちゃんと深町さん、それに裏の若いお嫁さんをおよびして、にぎやかにいただいた。きんとん・お餅・まん頭・パイナップル・なし・ぶどう・赤飯・かぼちゃ・きゅうり・豆・おつゆ・なす等々珍しい御ちそうが出て、腹一杯食べた。

母の一周忌
竹村さんの実の母親は、このときすでに他界していた。

落下傘
パラシュートのこと。

しびれがきれる
長く座っていて、足がしびれること。また、がまんできなくなること。

八時十分空襲警報
十三時解除

八月九日（木） 晴

工場についてから、警報が何度もあったので、一度学校待避し、一度外での待避をし、ちょうど正午だったので、松尾君の家で弁当を食べた。工場待避二度。作業は荒運搬。
今日は警報があまりでたので、作業は殆どしなかった。
二十一時警戒警報
二十二時警戒警報
二十三時警戒警報
一時四十分空襲警報
六時五十分警戒警報

八月十日(金) 晴(一)後晴(三)

九時の空襲警報で、僕はうちに帰った。警戒警報の解除は十四時過ぎだったが、空襲警報解除で、工場へもどらなくてはならないかもしれないと思って、自転車で工場へ行ってみたら、一人働いていたので、すぐ引きかえして、山本君と工場へ行って、三十分位働いて帰った。

〇時半警戒警報
九時空襲警報
十三時半解除

八月十一日(土) 晴

魔翼遂に我が久留米を襲う。

工場へならんで行く途中、空襲警報発令され、我々は直ちにとって返して、校内行在所に待避した。(注:九時半空襲警報・解除時不明、十七時・二十一時にも空襲警報)

魔翼遂に我が久留米を襲う
1945年8月11日、アメリカ軍が行った福岡県久留米市の大規模な空襲のこと。久留米空襲(→資料編100ページ)。

行在所
1911(明治44)年、陸軍特別大演習の際、明治天皇の宿泊所として建設。福岡県立明善高等学校の敷地内に現存する。

八月

二十分もたった頃、突然、南方より敵B24一編隊飛来した。大いそぎにて待避壕へ飛び込む。飛び込むと同時、ザァーッと弾の落下音が、高射砲の殷々たる発射音と共に聞こえた。「空は真っ黒で」と友達がいうので出てみると、西の空から黒雲がもくもくと出て、西の空をおおいつくした。「畜生！ やったな」といっている時、再び「待避」の声がしたので、壕にとびこんだ。と同時に、パーン！ メリメリ！ ザァーッという音がすぐ鼻先でし始めた。

「落としたぞ」と壕を出ようとしたが、つぎつぎと落下する焼夷弾で、一歩も外へ出られなかった。「畜生！」と歯がみするうち、爆音が遠ざかるようだったので、壕を飛び出ると、落ちている落ちている、そこら一面焼夷弾が、ぶすぶす地にささって立っている。「やれーっ！」とてんでにバケツ・ぬれむしろ・木の葉をつかんで火を消し始めた。やがて水がなくなった。砂がなくなった。しかし行在所の火はもう大かた消えた。

と思う時、工作所の方をみると、工作室・剣道場は紅蓮の炎につつまれている。我々は、「いかん。あっちは消せん」と、次は職員室前に出た。ふと税務署をみると、もえ出したと見えて中から煙がぶすぶす出てい、その右どなりは、もう焼け出している。「やれーっ」と、左の家人の逃げ出した家から井戸水をくんできて、税務署の中に入って、その水を壁にじゃんじゃんかけた。やけたガ

B24
コンソリデーテッド社製の重爆撃機。

焼夷弾
敵地や建物を焼くことを目的とした爆弾。燃えやすい焼夷剤と爆薬を詰めたもの。

税務署
1910（明治43）年に櫛原町から当時の京町一丁目（明善校の向かい）に移転。1945（昭和20）年の空襲で焼失し、戦後は師団司令部跡地（現在の諏訪野町）へ再度移転した。

ラスに水がかかって、メシメシとわれ、火は壁にうつり、あつくて立っていられない。その中、税務署は、我々の必死の敢闘にもかかわらず、だんだん火の手がひろがり始めた。「書類を外に出せ」。我々は事務机・書類を次々と外にはこび出した。税務署の人々はどこに行ったか一人もいない。その時すでに税務署は火につつまれた。

次に左の家の荷物をはこび出し始めた。もう、けむくてけむくて目があけられぬ。涙はぼろぼろ出て目がしみる。眼鏡があったらなあとつくづく思った。そのうち一部は小使室の右及び本館の一部をけし始めた。僕は、バケツがないので、焼夷弾のからに水を入れて火にかけた。そのうち、大つむじ風がおこって、トタン板、板を大空にまき上げた。そのため、あぶなくて一歩も外に出られぬ。火災のためおこった風は、ひゅうひゅう吹いて行在所の木にもえついた。「大変だ」と水を行在所にかけたが事はなかった。

昼までに校内の火事はかたづいた。で、運動場で飯を食った。二年は皆かえって、七、八名しかいない。やがて集合があって、校長先生から「君たちの敢闘によって御真影は御安泰である。君たちの敢闘を真に感謝する。なお、今からが大切な時である」とみじかいありがたいお言葉をいただいた。我々はこの校長先生のためなら死んでも…と泣いて心に誓った。午後からは水槽に水の補

小使室
小使（雑事を行う人）の部屋。用務員室。

御真影
全国の学校で大切に保管されていた、天皇と皇后の写真。火事のときには何よりも先に持ち出し、安全な場所に移す必要があった（→資料編106ページ）。このとき、竹村さんたちの奮闘で御真影が守られた。御真影が無事であることを「御安泰」という。

給をした。そして六時頃終わった。（注：当時の校長先生は滝口智先生）
帰りに街を見ておどろいた。明治通りは、デパート及び銀行をのぞいて、みなつぶれてしまって、きのうまでの面影は丸きりなくなっている。電線は道にたれ下がり、危ない危ない。丁度、デパートの前で、にわか雨がふりだした。ああこの雨がせめて四五時間早かったら。
大いそぎで家にかえっておどろいた。大家さんをはじめ、うちのぐるりは、ぜんぶやけて、國武さん、又そのうら等がのこっているだけだ。うちがのこったのは全く奇跡的だ。大家さんは、一家でうちに宿をとった。
夕食後、父に弁当をとどけに行った。晩は電気がこないので蠟燭をつけた。

〈所感〉
(1)実際火災にあってみると、水が大いに足りない。現在の五六倍もそれ以上もほしい。
(2)火災がおこると、近くの家の者は水をかけようともせず、どこかへ逃げてしまう。一体こんなことでどうするのか。
(3)たとえ焼夷弾であっても、えんがいのある壕が必要だ。
(4)敵機が上空にいるので、初期防火はなかなか容易でない。
(5)防空頭巾・手拭・手袋・靴等は絶対必要。

うちのぐるりは、ぜんぶやけて
久留米空襲（資料編100ページ）のとき、まわりはすべて焼けたが、竹村さんの家だけ奇跡的に無事だった。

えんがい
「掩蓋」の意。敵弾を防ぐために壕などの上をおおうもの。

防空頭巾
空襲のときに、頭を守るためにかぶる綿の入った頭巾。

(6)焼夷弾がそこここにおちるのに、あぶなくて壕から出られぬ時には、実際涙が出る。

(7)街の水槽には、まだ水のたまったまま家がやけている。初期防火に敢闘していない証拠だ。

(8)今日の爆撃で市民の敵愾心はいやが上にも高まったと思う。

(9)次の爆撃の際には今日の戦訓を大いにいかして、今日のように大火に至らぬようしたい。

(10)これからは、戦災各都市のように、小型機の銃撃がはげしくなるだろう。又、サイレンが一時ならぬだろうから、爆音に大いに注意しなければならぬ。

敵愾心
敵に対するいきどおりや、あくまでも争おうとする気持ち。

八月十二日(日) 晴

一旦学校に行ってみたが、都合で工場へ行かず、帰ってよかった。銃器庫の焼け跡から擬製弾十数発ひろった。
午後、ロッキード双胴機七機、駅の方を銃爆撃。
山本君から少年倶楽部をかりた。
七時空襲警報
十時空襲警報
十七時空襲警報

八月十三日(月) 晴

八時半起床。十一時、福田さんの畑の人参・ごぼう掘りをした。

今日は休み。

この二三日は、警報が発令されたり解除になったりして、もう、わけがわからなくなった。数回敵機上空に来る。

ロッキード双胴機
アメリカの航空機製造会社で開発・製造された戦闘機。P38ライトニング。2本の胴体がある。

十一日の空襲で大家さんの福田さんが罹災したので、うちにとまっていられる。ところで、うちは福田さんのものだから、福田さんが焼けたら、我々は引っ越してでも福田さんに家を渡すべきである。それで大家さんは、我々のため、井上食品工場のうらのうちに案内して下さったが、疎開にかかっているので、あきらめ、裏の金子さんのあとに引っ越すことになった。三時頃より中の掃除にとりかかったが、よごれているのなんの、ありゃしない。家は新しいが、ふすまはビリビリやぶけて、一枚として完全なものはなく、畳は真っ黒によごれて、へりはめちゃくちゃだ。二階なんか、見ただけで、ぞっとしてしまう。引っ越しなんて、いやなものだ。はいて、たたみまでふいて帰った。

そして組立本箱をはこんだ。

二時半空襲警報
九時空襲警報
十二時空襲警報
十五時空襲警報
十九時半空襲警報

罹災
火事などの災害にあうこと。

八月十四日（火） 晴（一）後小雨

一旦、学校に集合したが、今日は休みとのことで引き返した。なお明日、明後日も休みである。

今度の家の二階の東の三畳の間を僕の部屋にして、午前は本箱・机・本をはじめ、その他を少し運んだ。午後は、父の本をのぞく外全部を運びおえた。

今度の家は、押入れが非常に少ないので、物の置く所がない。晩、三島さんがいらっしゃった。

二十二時四十分空襲警報

七時二十分警戒警報

八時空襲警報

十三時解除

二十時半警戒警報

二十一時警戒警報

八月十五日（水） 曇

今日は休み
1945年8月14日、日本はポツダム宣言の受諾（無条件降伏）を決定。学校は休みとなった。

朝起きてみたら猪口さんが来て、となりに寝ていた。

今日は休みである。

十三時頃だったか、山本君が息をきらしてきて、「日本は無条件降伏したげな」といった。僕は、おったまげてしまって物もいえなかったが、気をおちつけて、よく聞いたら、十三時にラジオがいったそうだ。そして、はじめに天皇陛下御自ら御放送遊ばされたそうだ。僕は、それは敵が沖縄からでもデマ放送しているのだろうと思ったが、町をあるいてみると、街角という街角は、みなその話でもちきりだ。僕は、いくらなんでも、そんな馬鹿なことがあるものか、まだ戦力はいくらだってあるのに、それに陛下御自ら御放送遊ばされるなんて、そんなおそれ多いことがあろうはずがないといいはった。

家にかえってみると、近所の人々が、いろいろ噂しあっている。みな非常に憤慨している。山本君のお母さんは、「せめて、あの子の仇だけでも、とりたかったのに」とおっしゃって声をうるませるので、可愛そうでみていられない。

七時の報道のあとで首相の演説があるというので、山本君と二人で多田へききに行って、今日の新聞（西日本）をみた。大きく「大東亜戦争終結の御聖断降る」とあり、その下に詔書が謹載してあった。

げな
…らしい、…そうだの意。推量の助動詞。方言。

十三時にラジオがいった
玉音放送（→86ページ）のこと。

大東亞戰爭終結の聖斷降る
西日本新聞
四國共同宣言を受諾
大詔渙發せらる
太平への大御心御宣示

大東亜戦争終結の御聖断降る（西日本新聞社）

道を通る人は、みんなプリプリおこっている。ラジオはサッパリ聞こえなかった。海軍大臣は自決された。

米英支蘇共同宣言に応じたのは、あの広島に使用した残虐極まる原子爆弾によって、大和民族が絶えてしまうのを御慮いになって、この御聖断をお下し遊ばされたとうけたまわる。しかし、我々の考えとしては、あくまで闘い、最後の一人まで戦って死にたいのである。まだこんなに兵力も武器もあるのに…。たとえ大和民族が絶えてしまおうとも、恥さらしな降伏をするよりも、世界の人々から、日本人は最後の一人まで戦って破れたと、たたえられる方がよい。

やがて武装解除となり、中等学校以上の学校はなくなり、工場は休み、米英人はわがまま勝手に本土へやってくるだろう。

こんな事がはじめから知れてるなら、ありったけの兵器を特攻兵器として仇敵撃滅に使用したろうに。もう今日となっては、あの飛行機も無用の長物になってしまった。特攻隊の人なんか、どんなに地団太ふんで、くやしがったろう。

今日に限ってブンブン飛ぶ味方機をみて、うらめしくなる。まだあれだけ飛行機があるのになあ。実際、くやしかった事は、筆の下手な僕には、書いて表せない。くやしくてくやしくて。國武さんの伯母さんも飯島さんも、くやしいといって泣かれる。

海軍大臣　陸軍大臣（阿南惟幾）の誤り。

米英支蘇共同宣言　日本への無条件降伏を要求した、ポツダム宣言のこと。宣言を発した国の名前を入れて、米英支蘇（アメリカ・イギリス・中国・ソ連）四国共同宣言ともいう。

山本君から、「苦心の学友」をかりた。
八時半警戒警報

「苦心の学友」
雑誌「少年倶楽部」に1927(昭和2)年から掲載され、絶大な人気を誇った長編小説。著者は佐々木邦。中流階級に育った主人公が、伯爵家の三男の「ご学友」に選ばれ、上流階級の暮らしにとまどう日々をユーモラスに描く。

【玉音放送】

1945（昭和20）年8月15日正午、昭和天皇自らが太平洋戦争終結を国民に伝えるために行った録音放送。それまでは、神聖な存在である天皇がラジオに出ることはありませんでした。

7月26日、日本の無条件降伏を要求するポツダム宣言が出されますが、日本政府はこれを拒否。

8月6日広島市、9日長崎市に原爆が投下され、14日の御前会議で天皇の決断によってポツダム宣言受諾を決定。同日の深夜、宮中において天皇が詔書を読み上げ、2組の録音盤にとります。陸軍将校の一部が反対して録音盤を奪い、宮内省と放送会館を襲撃する事件がありましたが、無事に放送されました。

玉音放送を聞く農村の人たち（毎日新聞社）

1945（昭和20）年8月15日。ラジオのある家などに集まり、玉音放送を聞きました。

八月

1945年、14歳の僕が考えていたこと。【上・戦中編】 資料編

*日記に出てくる出来事や用語の解説を、資料編として巻末にまとめました。

空襲(くうしゅう)

1 大都市から全国へ

日本(にほん)が初めて空襲(くうしゅう)を受けたのは、1942(昭和17)年4月。16機のアメリカ軍の爆撃機(ばくげきき)がまず東京に爆弾(ばくだん)を投下し、川崎や横須賀(よこすか)、名古屋、神戸(こうべ)などを空襲(くうしゅう)していきました。

それまでは、戦場が遠い外国の地だったことや、国が「日本(にほん)が襲(おそ)われることはない」と言っていたこともあって、国民は「日本(にほん)国内にいれば心配ない」と楽観的に考えていました。それが突然(とつぜん)の空襲(くうしゅう)で多くの死者が出たことで、戦争を身近に感じるようになります。

1944(昭和19)年11月、アメリカ軍が開発した最新鋭(さいしんえい)の大型爆撃機(おおがたばくげきき)B29による日本(にほん)への空襲(くうしゅう)が本格化(ほんかく)します。1945(昭和20)年8月15日までの約10か月、「定期便」といわれるほど連日のようにB29が飛び交(か)い、軍事施設(しせつ)や東京など都市部を無差別に襲(おそ)います。とくに東京は戦争中に100回以上の空襲(くうしゅう)を受けました。

空襲(くうしゅう)の被害(ひがい)は、主要都市から地方の中小都市へと広がり、国中が焼け野原となっていきました。

焼け野原となった東京の街並(な)み(朝日新聞社)

1945年5月新宿駅前で途方(とほう)に暮(く)れている母子。

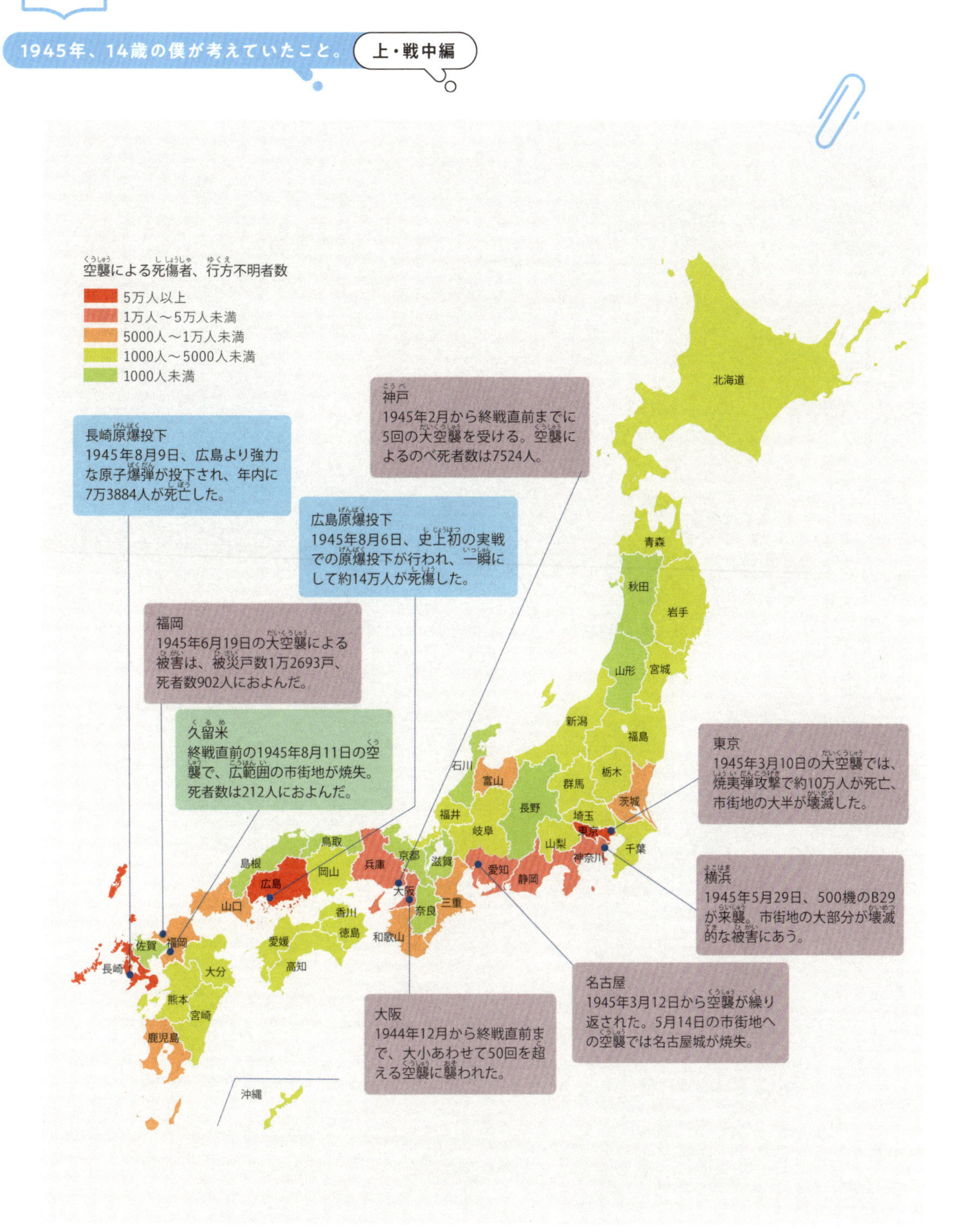

出典：『太平洋戦争における我国の被害総合報告書』（経済安定本部総裁官房企画部調査課、1949）

図解　主な大空襲と都道府県別の被害規模

空襲の初期には政治、経済、産業の中心地である東京、大阪、名古屋などの大都市が主要な標的となりました。空襲の対象はしだいに地方都市へと移り、物資の生産や輸送の拠点である静岡、堺、高松など中規模の都市や、横浜、呉、佐世保など港湾を持つ都市も攻撃されました。平野部や川沿いの都市は視認しやすく攻撃が容易だったため、被害が集中しました。空襲はすべての都道府県へ行われました。

空襲

②アメリカ軍の視点

1941(昭和16)年12月、ハワイの真珠湾で日本の奇襲を受け、大打撃を受けたアメリカ。激怒する国民をしずめ国内の戦意を高めようと、1942(昭和17)年4月、長い距離を飛行できる中型爆撃機B25を空母に載せ、日本本土を空襲する作戦を立てて成功。6月、ハワイの西に位置するミッドウェーでの海戦を制したアメリカは、日本に代わって太平洋での主導権を握ります。そして1944(昭和19)年、サイパンやグアムなどを占領したことで大型爆撃機B29による日本本土の爆撃が可能になり、本格的に空襲を開始します。

アメリカ軍が、大都市だけでなく中小都市にも攻撃するようになった背景には、戦争を早く終わらせる意図がありました。空襲は、工場や鉄道などの軍事施設を破壊するだけでなく、一般市民を混乱させ、「どこにいても空襲の不安から逃れられない」という心理的な攻撃にもなっていたのです。

横浜市の上空から爆撃を行うB29(米国立公文書館/写真提供:工藤洋三)

1942年4月、日本本土への初めての空襲、東京への攻撃に使用されたのはB25。B29は、1944年から実戦に投入された大型の爆撃機。全長約30メートルの機体に大量の爆弾を搭載。「超空の要塞」とよばれ、最大航続距離は9000キロ以上。B29の護衛のために、P51、P38などの戦闘機が編隊を組むことも。

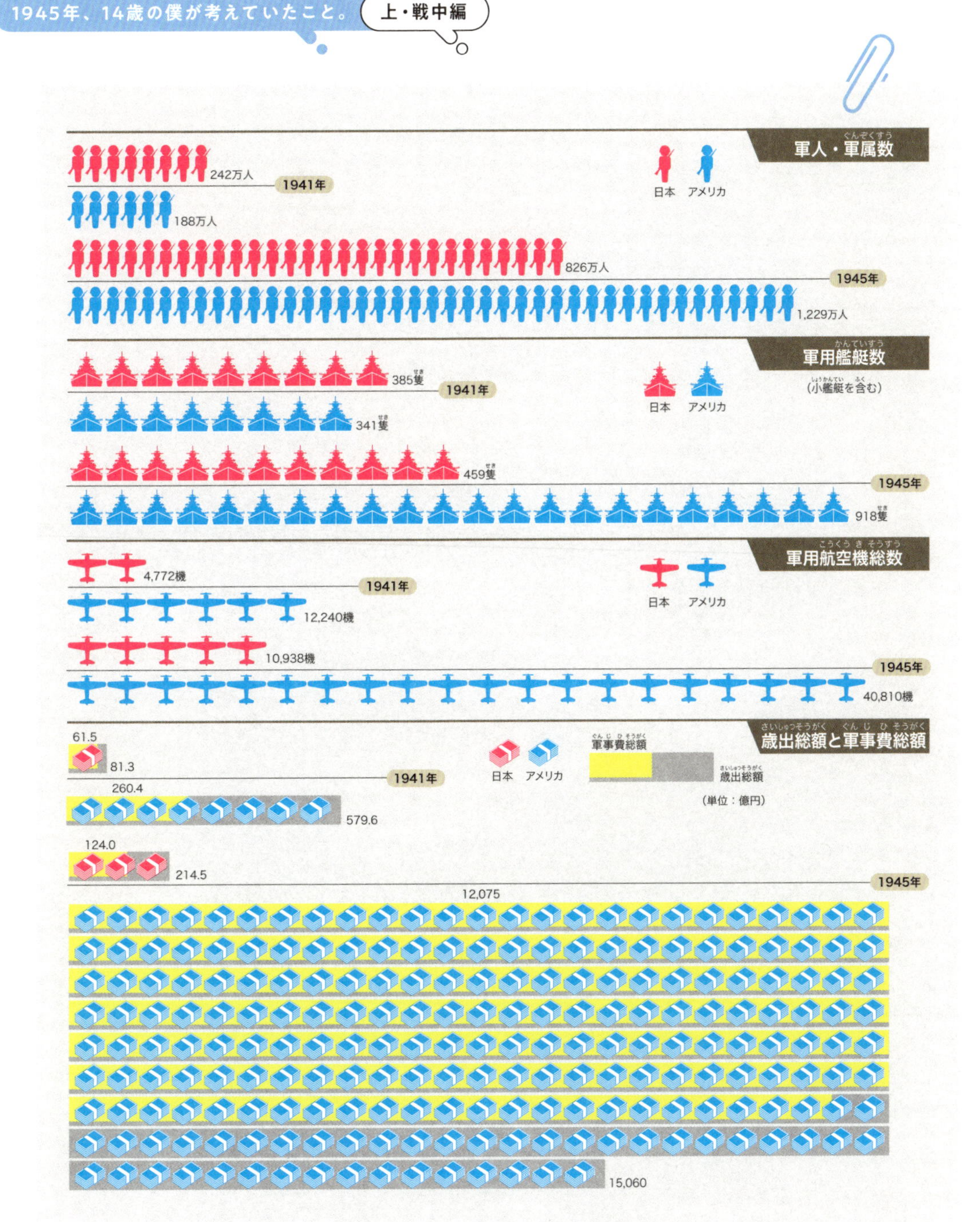

出典:『昭和財政史　第4巻』(東洋経済新報社、1976)、『完結昭和国勢総覧　第2巻』(東洋経済新報社、1991)、『現代史資料39　太平洋戦争5』(みすず書房、1975)、『Annual Report of the Secretary of the Treasury』(アメリカ財務省、1947)、財務省公式ウェブサイト、アメリカ大統領府公式ウェブサイト

図解　1941年と1945年の日米の戦力差

1941年までは、それほど大きくないように見える日米の戦力差。しかし、日本は資源の大半を外国から輸入していました。8月、アメリカが日本への石油輸出を禁止したのを受け、12月、日本はハワイの真珠湾を攻撃。太平洋戦争が始まります。大きな打撃を受けたアメリカは本格的な戦時生産体制に移行、船や航空機、兵器などの量産を始めます。1942年6月にミッドウェー沖の海戦を制したアメリカは、1943年、1944年と巨額の軍事費を投入。戦争終結の1945年には、圧倒的な戦力差となっています。

警戒警報と空襲警報

空襲への備えとして、日本の各地に監視所が置かれました。敵機を発見すると地域の軍司令部に伝えます。そこで警戒警報か空襲警報か判断し、ラジオで発令しました。ラジオのない家も多く、役所や郵便局などが鳴らすサイレンや、拡声器を使って口頭で伝え歩くのを聞いて確認していました。

警報が出ると、人々は家の防空壕（→96ページ）に逃げこむなどして、解除されるまでの間を恐怖に身をひそめながら過ごしました。しかし、1日のうちに何度も警報が鳴っては解除されることが日常化してくると、人々も疲れや慣れが出てきて、警戒警報が出ただけでは何もせずにふつうに過ごす人も出てくるようになります。

不安を覚える警報に慣れてしまうほど、人々は空襲と隣り合わせの生活を続けていました。

警戒警報と空襲警報

警戒警報

敵の航空機が近づいているので、注意するよう知らせるサイレン。

ウーーーーーーーーーーーーーーーー

3分間鳴りっぱなしにして1回。

空襲警報

空襲が始まるので避難するよう知らせるサイレン。通常は警戒警報のあとに出る。

ウー　ウー　ウー　ウー　ウー

4秒鳴らしたら8秒休止を5回くり返す。

図解　警戒警報と空襲警報の音
通常は、警戒警報のあとに空襲警報が鳴りました。

「防空命令が下ったら各家庭では」（国立公文書館）
家庭で準備しておくことを伝えるポスター。

空襲警報が鳴ったらすぐに持ち出せるよう、壁には貴重品や身の回りのものを入れた非常袋、ガーゼや包帯などを入れた救急袋、防空頭巾などがつるしてありました。

窓には、空襲で窓ガラスが飛び散らないように、細長く切った紙を貼りつけました。また、空襲の標的にならないよう、夜間は光が外にもれないようにする灯火管制がきびしく義務づけられていました。黒いカーテンをかけ、電灯は黒い布などでおおって下だけ光るようにして、少ない明かりのもとで勉強や縫いものなどの家事をしていました。しかし、B29は暗闇でも目標を探知できるレーダーを備えていたため、この規制はまったく効果がなかったといいます。

灯火管制用の電球(静岡平和資料センター／藤安義勝)

光が外にもれないように、側面に色をつけた電球が使われました。

再現された戦時中の家庭の居間(江戸東京博物館／DNPartcom)

電灯には光が外にもれないようにするための笠がかけられ、窓ガラスには空襲で割れたガラスが飛び散らないように紙のテープが貼られています。室内には防空頭巾や、ラジオ、棒の入った米つきびん、戦艦のおもちゃなどが置かれています。

防火訓練、防空演習

各家庭には、空襲を受けてもすぐに火が消せるように、玄関先には水をはったコンクリート製の防火水槽が置かれ、防火用水を運ぶバケツを用意していました。政府に、「空襲はこわくない。逃げずに火を消せ」と強く言われ、法律でも義務づけられていました。

ほかにも、火の粉をたたいて消す火たたきや、燃えた火にかぶせて消す砂の入った袋など、火を消す道具も用意していました。しかし空襲の前では意味のない備えでした。

各地域では、消防や訓練を指揮する警防団がつくられ、10家族くらいを1つの組（隣組）として、共同で訓練を行っていました。

訓練は本番さながらに、発煙筒で煙を吹きあげ、防空頭巾をかぶった人たちが水を入れたバケツを次々とまわして火にかけていくバケツリレーや、火たたき、砂袋を使った火消し訓練などが行われました。昼間だけでなく、早朝や夜に

防火用水（毎日新聞社）
1944年。街角に置かれた防火水槽。

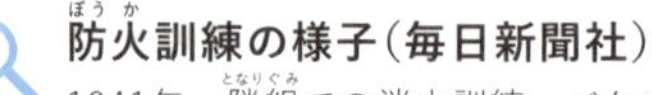

防火訓練の様子（毎日新聞社）
1941年。隣組での消火訓練。バケツリレーも行われました。

行われることもありました。

防火訓練のほか、警報が鳴った時にすばやく明かりを隠す灯火管制の訓練や、緊急時の炊き出し訓練のほか、防空頭巾づくりもしていました。使う機会はありませんでしたが、毒ガス攻撃を想定した防毒マスクを使った訓練もありました。

子どもたちは、地域の訓練以外に学校でも防空演習がありました。防空頭巾をかぶった生徒全員が校庭に出て、空襲時の爆風を想定しながら、目や耳をおさえ、口を開けて地面にうつぶせになる訓練や、3人1組で避難する訓練などをくり返し行っていました。

人々は、政府を信じて真剣に訓練に取り組んでいましたが、実際の空襲では爆弾は1つではなく大量に落ちてきます。しかも焼夷弾の威力はすさまじく、あっという間に火がまわり、実際にはバケツの水をかけたくらいで消せるものではありませんでした。1945（昭和20）年3月の東京大空襲では、消火優先を教えこまれた人たちが、バケツリレーなどの無謀な消火活動をして逃げ遅れ、10万人以上の死者を出す一因となったともいわれています。

防空壕

太平洋戦争が始まると、空襲を警戒した政府の指導で、各家庭に防空壕をつくる手引書が配られ、防空壕をつくる訓練も行われました。当初は多くの人が日本に空襲があるとは思っていませんでした。しかし、実際に空襲を受けたことで危機感が高まり、役所や学校、公園などに、こぞって防空壕がつくられるようになります。壁をコンクリートで固めた大型のものもつくられました。

各家庭でも、空襲への恐怖から積極的に防空壕がつくられます。家庭でつくる防空壕には、家の床下に掘った床下式、庭などにたてに掘ったたて穴式、石垣や山の斜面に洞くつのようにほった横穴式がありました。

深さは約1・5メートルくらいで、中にしゃがんで座れるくらいのスペースをつくります。簡単な作業ではありませんが、家族で協力しながらシャベルを使って地道に土を掘り出してつくりました。また、近所の人たちとも協力して、空

き地や町の通りなどにもつくっていました。

空襲警報が鳴ると、急いで非常袋や懐中電灯、毛布などを持って防空壕に避難します。警報が解除されるまでは、家族で肩を寄せ合って恐怖の時間が過ぎるのを待ちました。警報がたびたび鳴って、防空壕で夜を明かすことも増えてくると、すのこを置いてふとんをしけるようにするなど、工夫するようになっていきました。

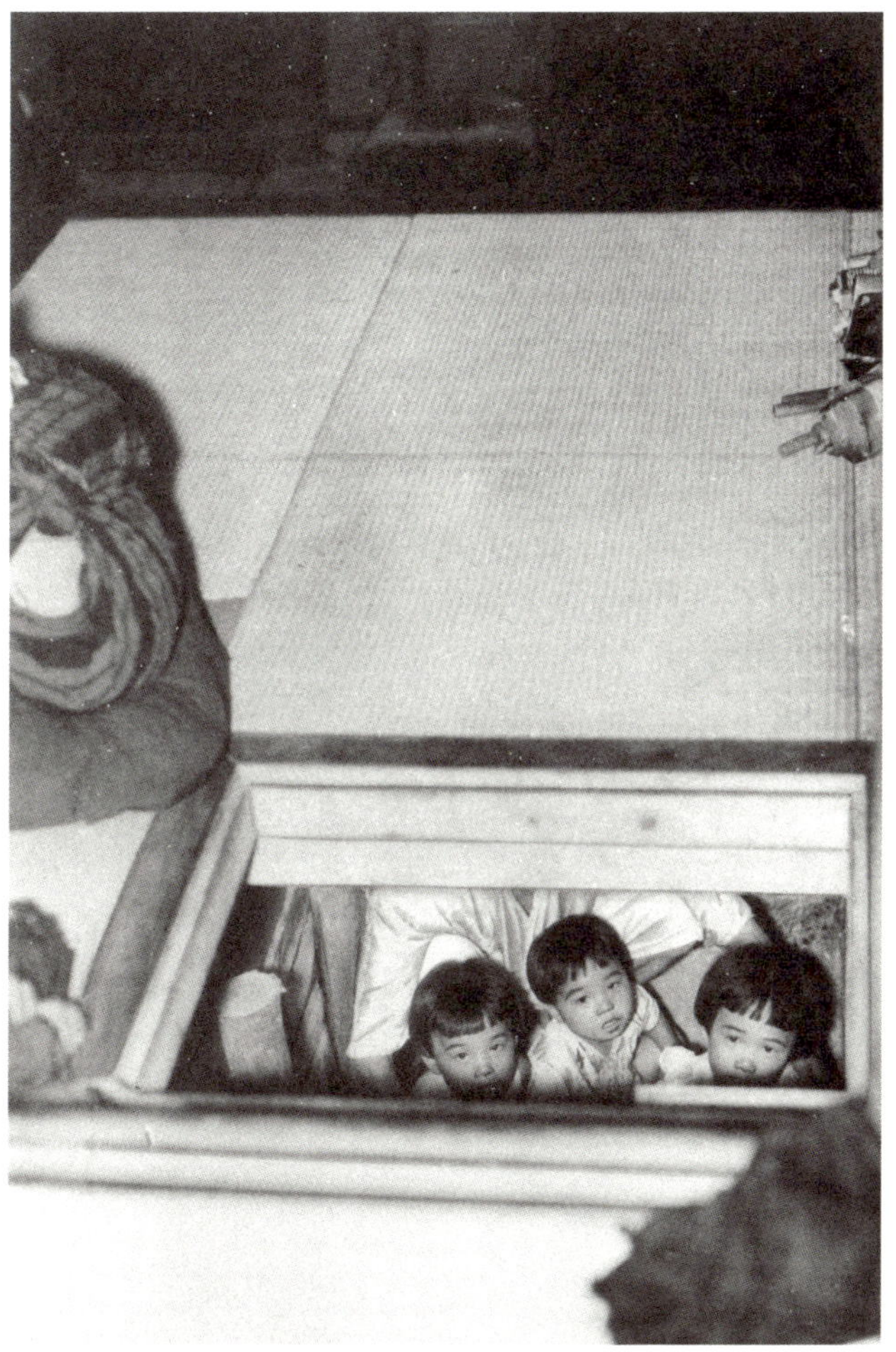

家庭の床下につくられた防空壕(毎日新聞社)

1942年8月。東京の住宅の地下につくられた防空壕。当時は各家庭でも床下や庭に防空壕をつくることが政府によって奨励されていました。

防空壕づくりの様子(毎日新聞社)

1944年11月、名古屋市中区の空き地の地面を掘って防空壕をつくっている様子。この防空壕は奥行き7メートル、高さ1.8メートル、幅1.6メートルで大人20人が入ることができました。

福岡大空襲 6月19日

221機のB29が福岡市を襲ったのは、1945(昭和20)年6月19日。午後10時頃に警戒警報が出て、やがて空襲警報へと変わります。

最初の攻撃は午後11時10分頃、数機編成のB29が福岡市の中心部に焼夷弾を投下、それから次々に約2時間にわたって、後続の編隊による攻撃が続きました。この攻撃で市街はまたたく間に火の海となり、軍の施設、役所、学校、工場、会社、商店街、民家など、全市の3分の1の建物が炎上。特に博多部の被害は甚大でした。

空襲に備え、貯水槽、防空壕などの準備が進められていましたが、圧倒的な焼夷弾の数に、ほとんど役に立つことはなかったといいます。

一夜明けた市街は見わたす限りの焦土が続き、水道、ガス、電気、通信なども大きな被害を受けました。被災戸数1万2693戸(市内の33パーセント)、被災者数6万5999人(市内の44パーセント)、死者数902人、負傷者数1078人、行方不明者数244人にも及びました。

降りそそぐ焼夷弾(西日本新聞社)

1945年6月19日の夜、福岡市上空に来襲したB29から投下される焼夷弾。
焼夷弾は火がついたまま落下するため、その光跡が線となって写っています。

焼け崩れた福岡市街（西日本新聞社）
1945年6月20日。
空襲から一夜明けた福岡市の様子。

福岡大空襲後の焼け野原（西日本新聞社）
1945年、終戦直後に撮影された福岡市の中心部。

久留米空襲 8月11日

1945年8月11日、福岡県久留米市はアメリカ軍による大規模な空襲を受けます。午前10時20分頃、B24爆撃機による市街地への襲撃が開始されました。

当時、久留米市は日本タイヤ(現在のブリヂストン)や日本ゴム(現在のアサヒシューズ)、日華護謨工業(現在のムーンスター)など、ゴム製品や皮革製品の生産拠点として重要な役割を担っていましたが、それまで空襲を受けたことはありませんでした。

7月末から偵察機の飛来や空襲予告が書かれた伝単(ビラ)がまかれるなど、空襲が近いことを知らせるアメリカ軍の動きがありましたが、この日まで実際の攻撃はありませんでした。

8月11日の空襲では、第一波28機、第二波25機、計53機のB24爆撃機が約84トンもの焼夷弾を高度3200mから投下。

市街地の中心部西半部がとくに激しい攻撃を受け、久留米駅や日華護謨工業の工場の一部を含む広範囲が焼失。焼夷弾の激しい炎により消火活動はほぼ不可能で、結果として市街地の約7割が壊滅的な被害を受けました。工場や会社、神社仏閣、公共施設等の焼失は、市民生活への打撃となり、地域経済への影響はとても大きなものでした。

この空襲により多くの人が死傷します。犠牲者は避難した防空壕の中での焼死が多く、市街地を流れる池町川周辺での避難中に火災の炎や煙を吸って命を落とした人も多くいました。

- 死者　212人(214人とも)
- (病院・学校など)収容中死者　16人
- 重傷者　67人
- 軽傷者　93人
- 被災戸数　4506戸
（市の総戸数の26・5パーセント）
- 被災者数　20023人
（市の総人口の25・9パーセント）
- 被災面積　157ヘクタール

久留米空襲後の市街地の様子(久留米市提供)

1945年。大通りは中央明治通り。通り沿いは何本かの電柱とコンクリート建物を残してほとんどが焼け野原に。左の奥に日華ゴムと日本製粉のビルが残っています。

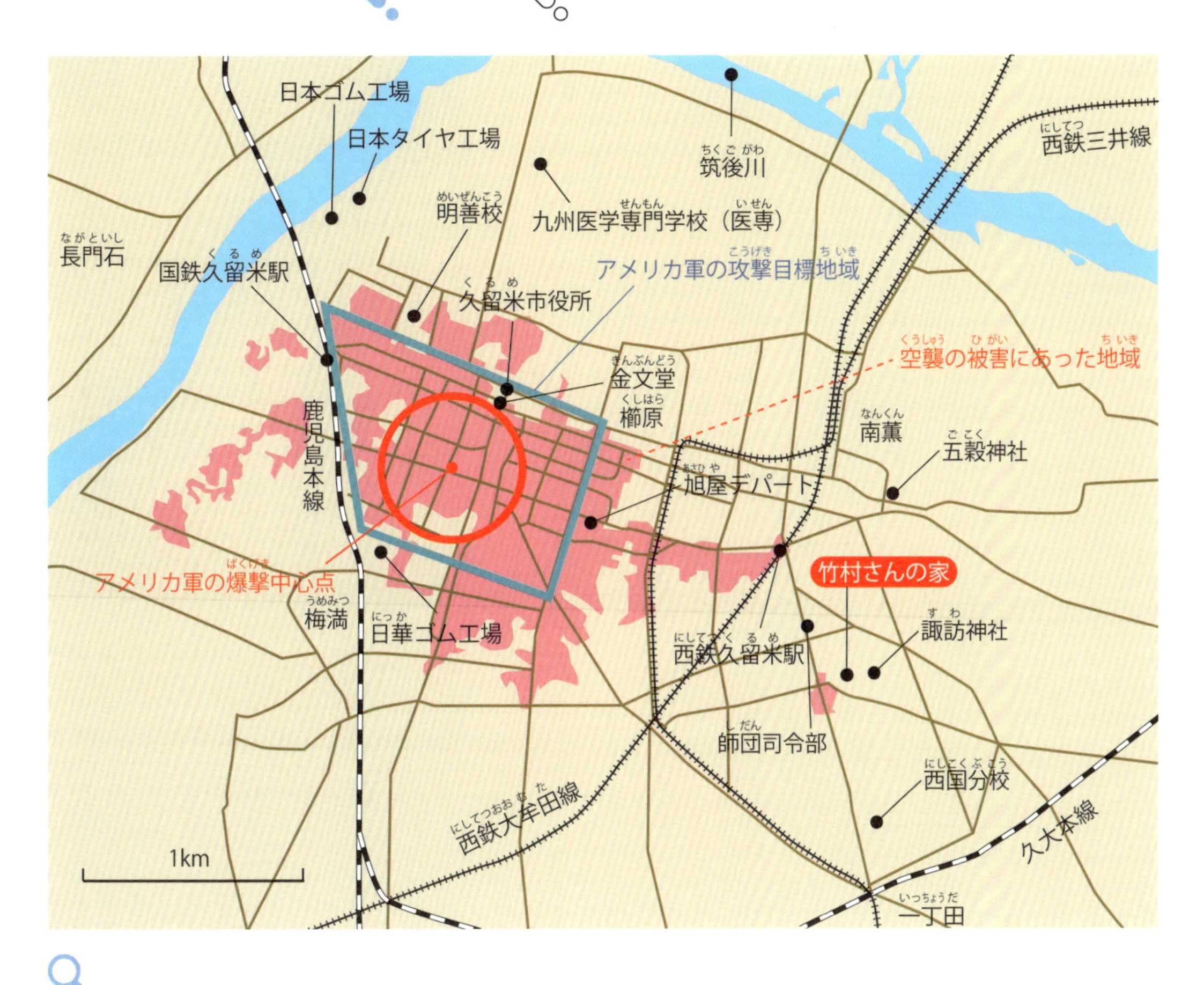

久留米空襲焼失範囲地図
（小澤太郎氏作成）

アメリカ軍は空襲の計画を立てるために、偵察機による航空写真を元に空襲する地域の細密な地図を作成していました。上の地図では、空襲の被害を受けた地域をピンク色で示し、竹村さんの日記に登場するおもな建物や施設を重ねて表示しています。国鉄（現在のJR）久留米駅から西鉄久留米駅の間の公共施設、会社、商店、住宅などが集中する広い地域が被害を受けたことがわかります。

召集令状（赤紙）

軍隊の兵士が不足すると、兵士として呼び出す「召集令状」が送られました。召集される対象は、徴兵検査の結果入隊を免れた人や、兵役を終えた後に非常時の予備戦力として登録されている予備役の人などです。召集令状は赤い紙で印刷されていたことから、「赤紙」とよばれました。

召集令状は軍から地元の警察署や市町村役場へと届けられ、役場の担当者から本人に「おめでとうございます」といってわたされます。これは、国家のために戦地へ赴くことが名誉なこととされていた当時の風潮を反映したものです。しかし、本人や家族は「赤紙」が届かないようにと願うことが少なくありませんでした。兵士として召集されることは命の危険を意味し、また農村などでは家族の働き手を失うことにもつながるため、家族全体の生活に深刻な影響を及ぼしたからです。

召集令状には、指定された日時と集合場所、所属する部隊が詳しく記されており、命令を拒否することは許されませんでした。命令に従わなければ「非国民」としてきびしく非難され、処罰の対象ともなりました。

いざ令状を受け取ると、家族や親戚、近所の人々が集まり、兵士を見送る準備を始めます。兵士には、戦地での安全を願う寄せ書きや、多くの女性が1枚の布に1針ずつ糸を縫い付けてつくる千人針とよばれるお守りなどが贈られ、出発の日には「万歳三唱」が行われました。

召集された兵士たちは、出発後に短期間の実戦訓練を受けました。その訓練は非常に過酷であり、兵士としての基本的な動作や武器の扱いを身につけるだけでなく、精神的な鍛錬も含まれていました。戦況がきびしいときには、ほとんど準備が整わないまま戦地へ送り込まれることも珍しくありませんでした。こうして多くの兵士が異国の戦地に赴きましたが、過酷な戦闘やきびしい環境に耐えられず命を落とす者も少なくありませんでした。

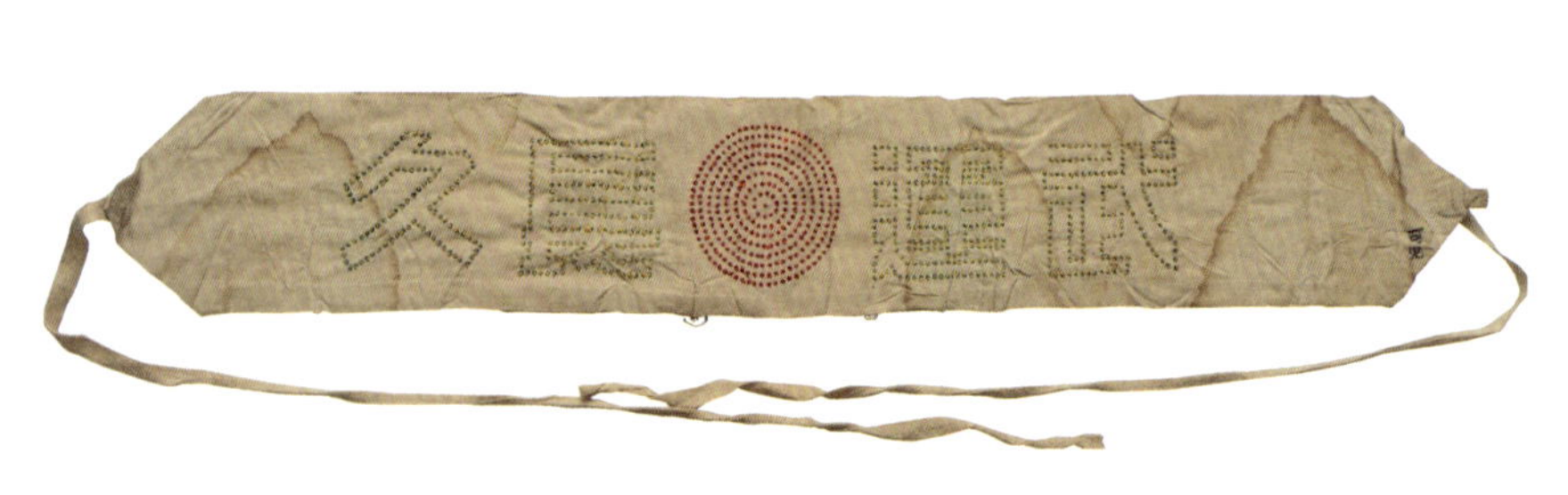

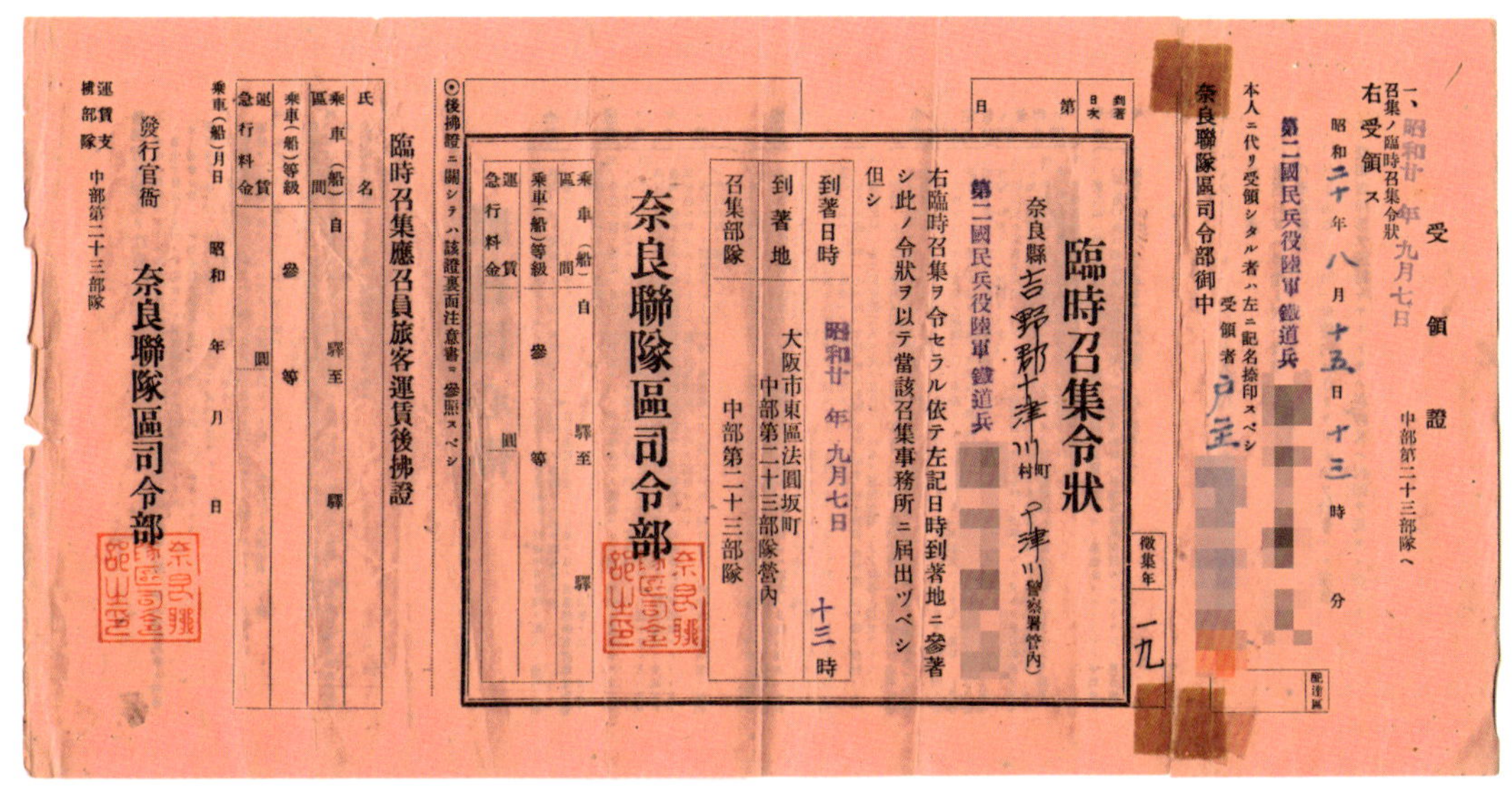

受領證

中部第二十三部隊へ

一、昭和廿年九月七日
召集ノ臨時召集令狀
右受領ス

昭和二十年八月十五日十三時分

第二國民兵役陸軍鐵道兵
本人ニ代リ受領シタル者ハ左ニ記名捺印スベシ
受領者 戸主

奈良聯隊區司令部御中

徴集年 一九

臨時召集令狀

奈良縣吉野郡十津川村 十津川警察署管内
第二國民兵役陸軍鐵道兵

右臨時召集ヲ令セラル依テ左記日時到著地ニ參著シ此ノ令狀ヲ以テ當該召集事務所ニ届出ヅベシ
但シ

到著日時	昭和廿年九月七日十三時
到著地	大阪市東區法圓坂町 中部第二十三部隊營内
召集部隊	中部第二十三部隊

乘車(船)區間	自 驛至 驛
乘車(船)等級	參等
運賃 急行料金	圓

奈良聯隊區司令部

◎後拂證ニ關シテハ該證裏面注意書ニ參照スベシ

臨時召集應召員旅客運賃後拂證

氏名	
乘車(船)區間	自 驛至 驛
乘車(船)等級	參等
運賃 急行料金	圓

乘車(船)月日 昭和 年 月 日

發行官衙 奈良聯隊區司令部

運賃支拂部隊 中部第二十三部隊

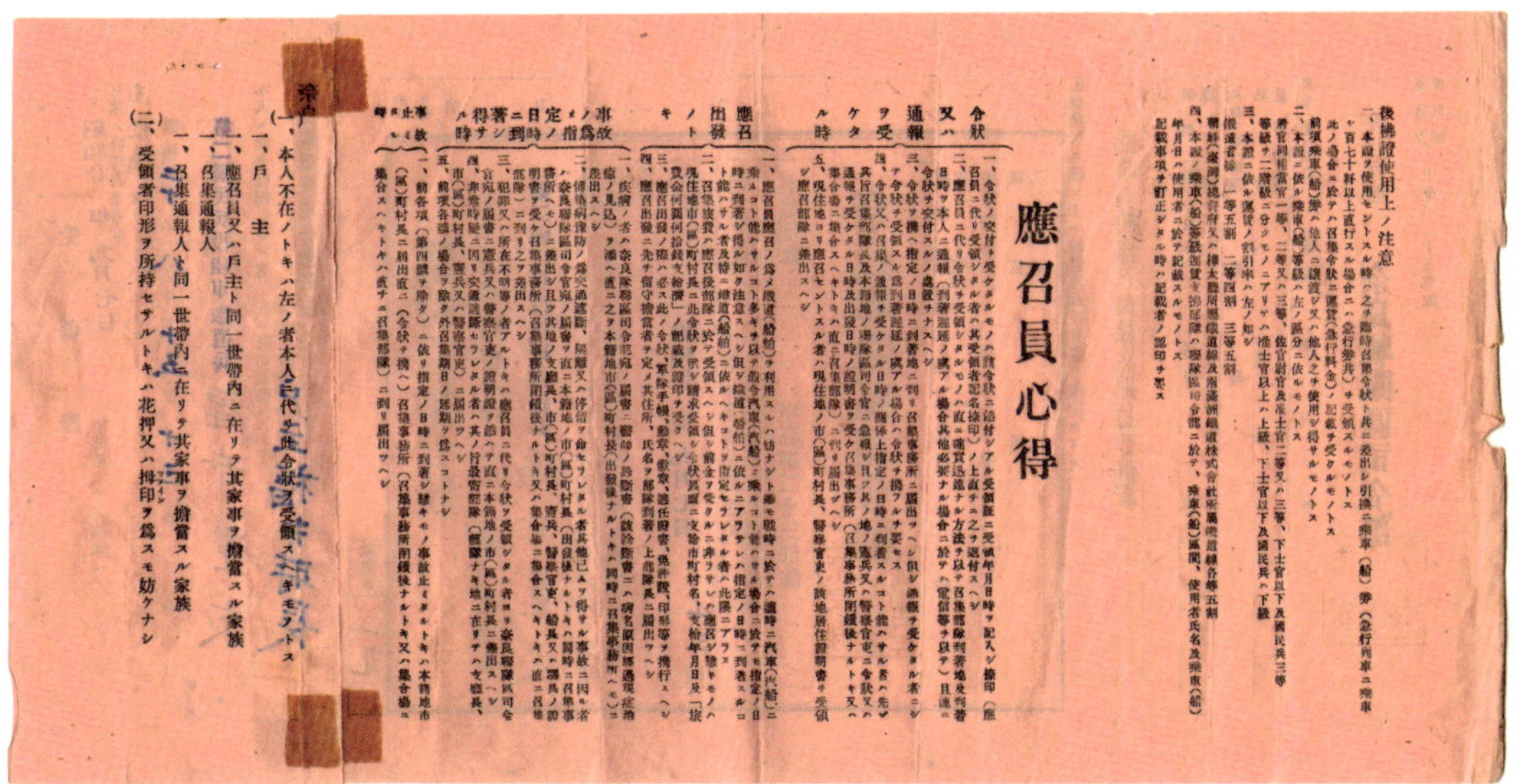

後拂證使用上ノ注意

應召員心得

(一)、本人不在ノトキハ左ノ者本人ニ代リ受領スルモノトス
一、戸主
二、應召員又ハ戸主ト同一世帶内ニ在リテ其家事ヲ擔當スル家族
三、召集通報人
(二)、受領者印形ヲ所持セサルトキハ花押又ハ拇印ヲ爲スモ妨ケナシ

赤紙の表と裏（奈良県立図書情報館）
表面の中央、四角い枠で囲われた部分が臨時召集令状、右は受け取ったしるしとして名前などを書いて職員に渡す受領証、左は招集場所までの交通費の割引分のお金をもらうための旅客運賃後払い証。裏面には招集を受けた者の心得などが書いてありました。

千人針（久留米市提供）
久留米市の女性たちによってつくられた千人針。表面には兵士が戦場で長い間無事に活躍できるようにという願いを込めた「武運長久」の文字と日の丸が縫われ、裏面には「無敵皇軍」の文字が印刷されています。

学徒出陣

戦時中、日本には徴兵制という制度があり、満20歳になった男子は、国のために軍隊に入る義務がありました。軍隊に入るためには、身長や体重、視力、体力などの厳しい検査が行われ、その検査に合格した人だけが兵士として入隊しました。しかし、大学や高等専門学校に通う学生は勉強を続けることが国の役に立つとされ、26歳まで徴兵が猶予されていました。

しかし、日本軍が次々と戦いで負けるようになった1943(昭和18)年、政府は大学生も兵士として戦争に参加させることを決めました。これを学徒出陣といいます。それまで徴兵検査を受ける年齢は満20歳でしたが、19歳に引き下げられました。

ただし、すべての学生が戦地に送られたわけではありません。理工医系や教員養成系の学生は、兵器の製造や国のための研究に役立つと考えられたため、特別に除外されました。しかし、それ以外の大学・高専在学中の学生は学徒兵と

電車で兵営に向かう学徒たち(朝日新聞社)

1943年、東京駅のホームから電車で海軍の兵営に向かう学徒出陣の学生たち。

して戦地に送り出されることになったのです。

その年の10月21日、東京の明治神宮外苑競技場で、最初の出陣学徒を見送る壮行会が行われました。壮行会では、学生代表が東条英機首相の前で、「生きて帰ることは望みません。国のために命を捧げます」と力強く決意を述べ、戦地へ向かっていきました。

学徒出陣で戦争に参加した学生は、おもに兵士として訓練を受けた後、戦地に送られました。しかし、戦況がますます悪化していく中で、爆弾を積んだ飛行機で敵の軍艦に体当たりし、自らの命と引き換えに攻撃する特攻隊が組織されるようになります。特攻隊員には、まだ若い10代や20代の兵士たちが多く含まれており、学徒兵もその中の一員として選ばれました。

戦争が終わるまでに、学徒出陣で出征した学生は約10万人にものぼったといわれています。彼らの中には若くして戦地で亡くなった人も多くいました。

訓練を行う学徒兵（朝日新聞社）

1943年12月7日、陸軍に入って1週間がたった学徒兵の訓練の様子。銃の先端に刃物がついた銃剣という武器を持って整列しています。

御真影と奉安殿

御真影とは、天皇と皇后の写真のことです。1889(明治22)年に全国の学校に配られ、大切に保管されていました。

この御真影を災害や火事などから守るために、奉安庫や奉安殿などの特別な設備が作られました。奉安庫は木や金属で作られた丈夫な箱のようなもので、学校の職員室などに置かれ、御真影と一緒に教育勅語(→108ページ)も保管されていました。奉安殿は神社のような形をした建物で、多くの場合、学校の敷地内に建てられていました。登校や下校のとき、生徒や先生たちは奉安殿の前で立ち止まり、頭を下げてお辞儀をすることが決まりになっていました。

御真影を傷つけたりなくしたりすると、天皇に対する大きな失礼だとされるので、学校や地域の人たちはその管理にとても気を使っていました。教員は当番を決めて泊まり込みで見張ることもありました。また、地震や火事が起きたときは、何よりも先に御真影を安全な場所に移

御真影(朝日新聞社)
昭和天皇、香淳皇后の御真影。このような御真影が学校の奉安殿に保管されていました。

すことが求められました。

戦争が終わり、日本が負けたあと、連合国軍総司令部（GHQ）の指示によって、ほとんどの奉安殿や奉安庫は壊され、御真影も回収されて焼却されました。しかし、一部の奉安殿や奉安庫は倉庫や神社の建物などとして壊されずに使われました。今では、残った奉安殿は当時の歴史を知る貴重な遺構として保存されています。

奉安殿（朝日新聞社）

1940年、兵庫県の旧制県立富岡中学校に建てられた奉安殿。愛国教育の象徴的な施設として、前を通るときは最敬礼をすることを求められていました。

教育勅語と修身

教育勅語は、1890(明治23)年に明治天皇の名のもとに発布された、日本の教育の基本的な方針を示した文章です。「勅語」とは「天皇のことば」という意味で、忠君愛国(天皇に対して忠義をつくし、国を愛すること)が臣民(天皇のしもべである国民)の道徳の根本であるとされ、天皇のために命を捧げる犠牲の精神を強調した内容でした。

教育勅語の謄本(原本の通りに写し取ったもの)は全国の学校に配られ、御真影(→106ページ)と一緒に奉安庫で大切に保管されました。式典では、校長先生が教育勅語を読み上げることが義務づけられていました(奉読)。その間、子どもたちは頭を下げて静かに聞いていなければなりませんでした。教育勅語は、暗唱することが求められ、軍国主義的な思想を子どもたちに植えつける重要な役割を果たしました。

この教育勅語を扱う教科が「修身」です。もとは道徳や礼儀を教えるもので、文部省(現在の文

教育勅語(朝日新聞社)
教育勅語は天皇のおことば(勅語)として出されました。
末尾の「御名」は天皇の署名、「御璽」は天皇の印鑑のこと。

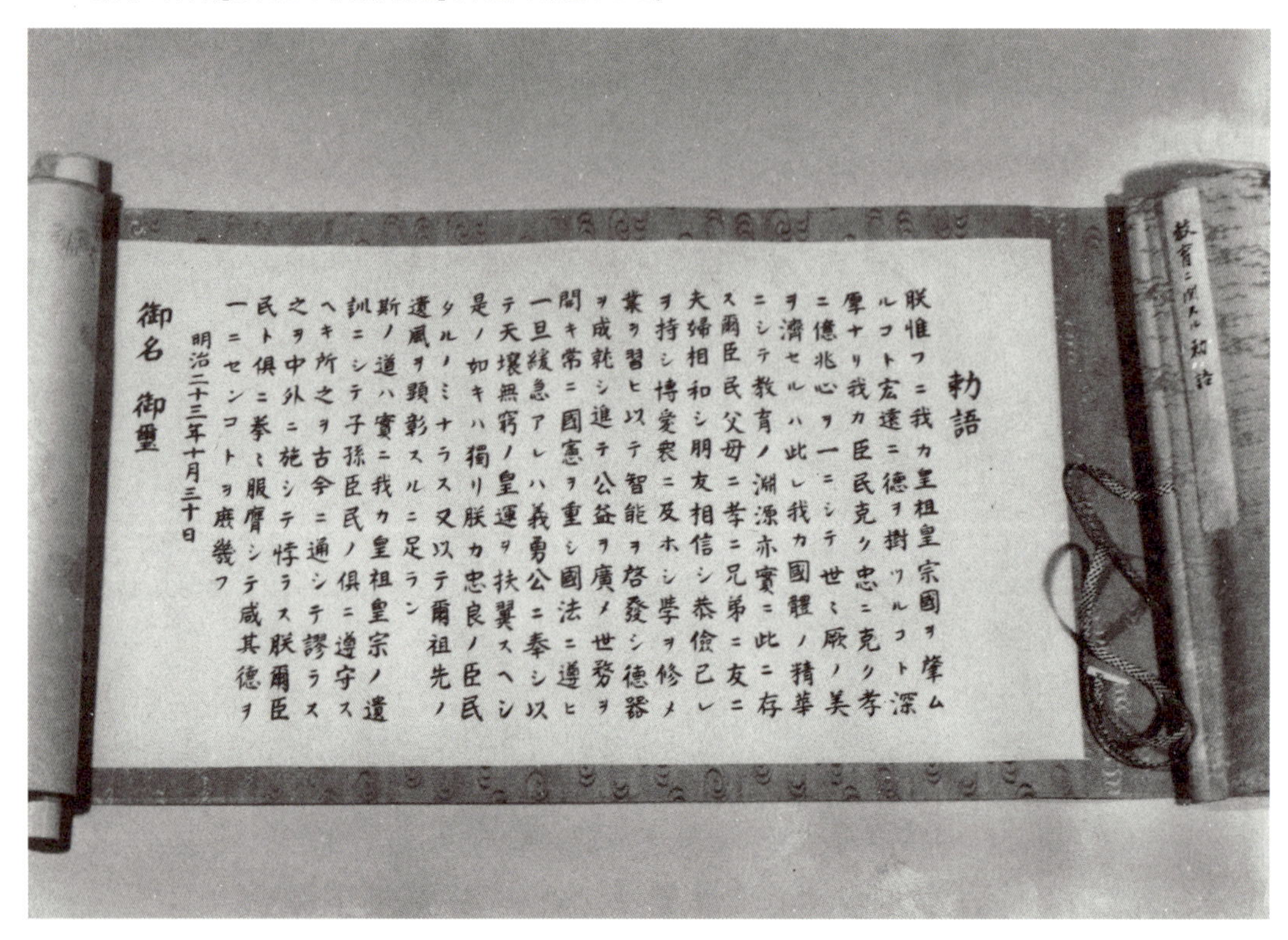
教育ニ關スル勅語

勅語

朕惟フニ我カ皇祖皇宗國ヲ肇ムルコト宏遠ニ徳ヲ樹ツルコト深厚ナリ我カ臣民克ク忠ニ克ク孝ニ億兆心ヲ一ニシテ世々厥ノ美ヲ濟セルハ此レ我カ國體ノ精華ニシテ教育ノ淵源亦實ニ此ニ存ス爾臣民父母ニ孝ニ兄弟ニ友ニ夫婦相和シ朋友相信シ恭儉己レヲ持シ博愛衆ニ及ホシ學ヲ修メ業ヲ習ヒ以テ智能ヲ啓發シ徳器ヲ成就シ進テ公益ヲ廣メ世務ヲ開キ常ニ國憲ヲ重シ國法ニ遵ヒ一旦緩急アレハ義勇公ニ奉シ以テ天壤無窮ノ皇運ヲ扶翼スヘシ是ノ如キハ獨リ朕カ忠良ノ臣民タルノミナラス又以テ爾祖先ノ遺風ヲ顯彰スルニ足ラン斯ノ道ハ實ニ我カ皇祖皇宗ノ遺訓ニシテ子孫臣民ノ倶ニ遵守スヘキ所之ヲ古今ニ通シテ謬ラス之ヲ中外ニ施シテ悖ラス朕爾臣民ト倶ニ拳々服膺シテ咸其徳ヲ一ニセンコトヲ庶幾フ

明治二十三年十月三十日

御名御璽

部科学省）によってすべての教科の最上位に位置づけられていました。太平洋戦争が激しくなるにつれて、内容も天皇への忠誠や国家への献身が強調されるものへと変化していきます。

1941（昭和16）年4月、それまでの小学校は国民学校と改称されますが、その主な目的は、教育勅語の精神に基づき、子どもたちを戦争を支える「少国民」に育てることでした。

修身の授業は単なる道徳教育ではなく、国が求める理想の国民像を形成する重要な手段として使われていたのです。

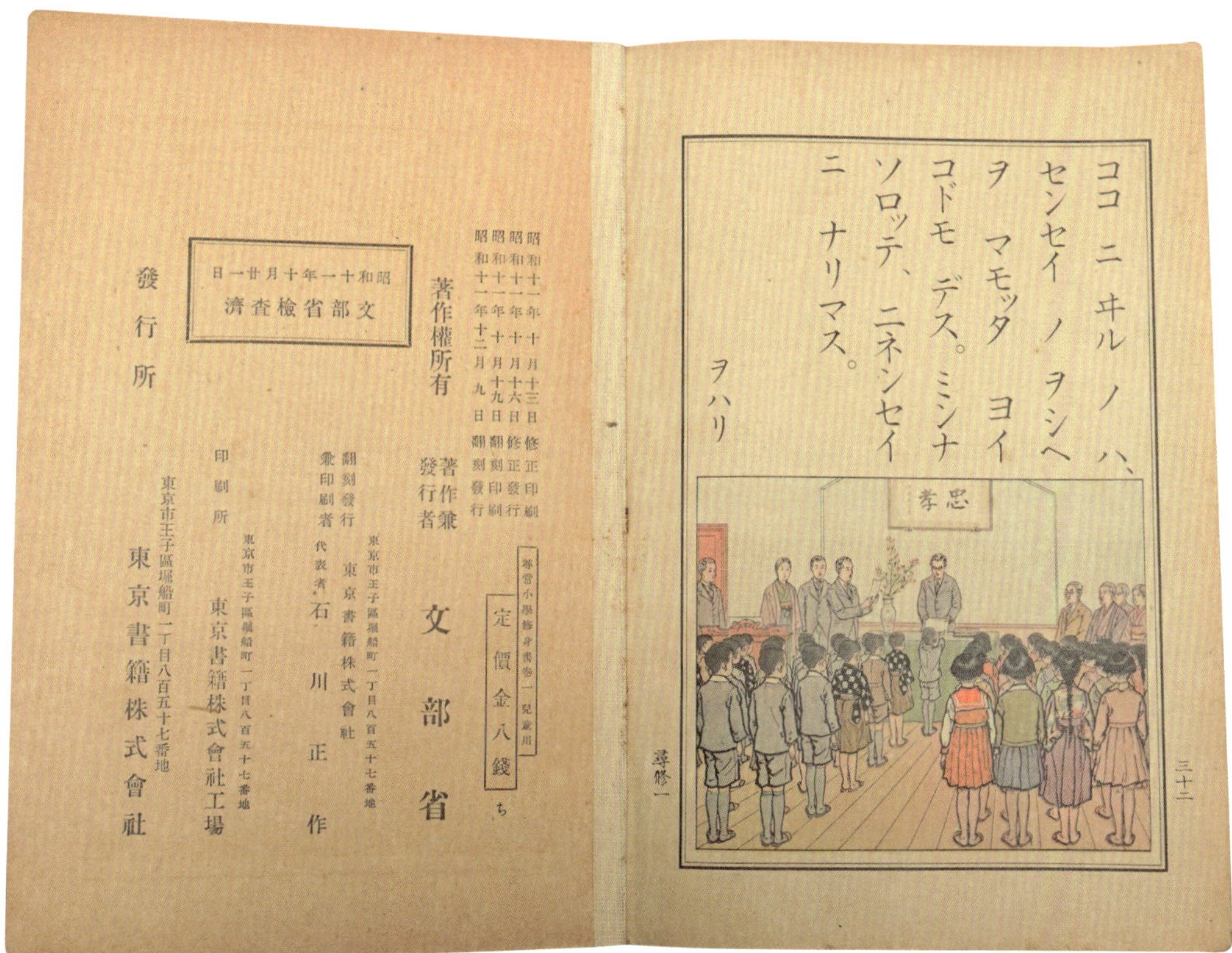
昭和十一年十月十三日修正印刷
昭和十一年十月十六日修正發行
昭和十一年十一月十九日翻刻印刷
昭和十一年十二月九日翻刻發行

昭和十一年十月廿一日
文部省檢査濟

著作權所有

著作兼發行者 文部省

東京市王子區堀船町一丁目八百五十七番地
翻刻發行兼印刷者 東京書籍株式會社
代表者 石川正作

東京市王子區堀船町一丁目八百五十七番地
印刷所 東京書籍株式會社工場

東京市王子區堀船町一丁目八百五十七番地
發行所 東京書籍株式會社

尋常小學修身書巻一兒童用
定價金八錢

ココ ニ ヰル ノ ハ、センセイ ノ ヲシヘ ヲ マモッタ ヨイ コドモ デス。ミンナ ソロッテ、ニネンセイ ニ ナリマス。

ヲハリ

尋修一 三十二

尋常小学校「修身」教科書（竹村逸彦氏寄贈品／久留米市提供）
竹村さんが尋常小学校で使用していた修身の教科書。

戦時中の学校制度

1886（明治19）年の小学校令で、初等教育は、尋常小学校4年（のちに6年に変更）と高等小学校4年（のちに2年に変更）とされていました。

戦争が激しくなる中、国民学校令により、1941（昭和16）年3月に尋常小学校は国民学校となり、天皇や国を守るために自分を犠牲にすることが美徳として教えられるようになります。教科も統合され、国民科・理数科・体錬科・芸能科となりました。いわゆる「少国民」を、天皇に忠実なしもべとしての「皇国民」に育て上げるのが目的でした。

さらに1943（昭和18）年1月には中等学校令が公布されます。これは、旧制中学校・高等女学校・実業学校を、1941年の国民学校令の延長線上に位置づけるものでした。「中堅皇国民」として育成するため、心身の鍛錬や勤労を重んじる「修練」も新設されました。

この時期の学校制度は複雑で、国民学校初等科（現在の小学校に相当）を終えた先に進学する学校は、女子と男子で大きく異なりました。進学先は旧制中学校（男子）あるいは高等女学校（女子）、そして実業学校、国民学校高等科、青年学校（男子）など多くの種類がありました。

それぞれの学校の役割は異なり、当時は12歳でその後の進学先が決まるしくみでした。たとえば大学に進学したい場合は、教育レベルの高い旧制中学校に通う必要がありました。高等女学校でも高いレベルの教育が行われていましたが、当時の女子には大学進学は認められていませんでした。当時、高等（女）学校に進学できる人はかぎられていました。

実業学校では農業、工業、商業、商船、水産などを学びました。国民学校高等科は国民学校で習ったことに続けて、基礎的な内容の授業が行われました。また、青年学校は国民学校初等科を卒業後に就職した人が働きながら通う学校でした。

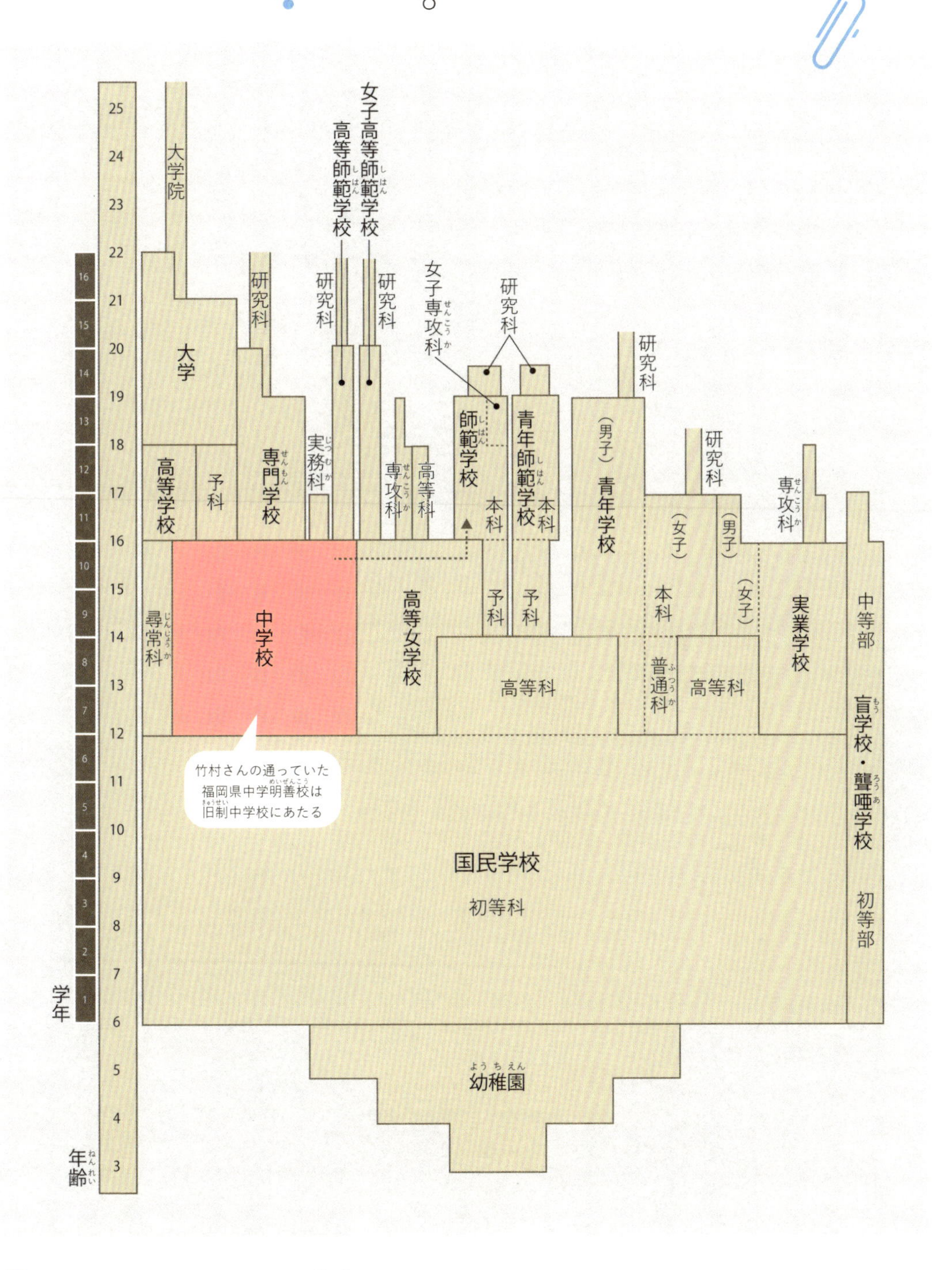

1944(昭和19)年時点の学校制度

1941年3月に公布された国民学校令により、それまで尋常小学校の6年間だった義務教育が、国民学校の初等科(6年)と高等科(2年)の合計8年間と規定されました。しかし、同じ年の12月に太平洋戦争が始まり、戦時下の特例によって高等科の2年間の義務教育化は結局実現しませんでした。旧制中学校は各都道府県に少なくとも1校以上が設置され、終戦後はその多くが普通科の高等学校に移行しました。

軍事教練

太平洋戦争中、旧制中学校では軍事教練が行われました。これは、戦争に備えるための訓練で、体力をつけたり、戦い方を学ぶことが目的でした。

生徒たちは、軍隊のように行進をしたり、手旗での合図を覚えたりしました。また、男子は柔道や剣道を、女子はなぎなたや弓道を習いました。さらに、負傷した兵士を助けるため、三角巾や担架の使い方なども学びました。また、1日軍隊体験や高い塀を登る訓練、長い距離を歩く行軍など、実際の戦争に近い訓練もありました。

現役の将校が教官として学校を訪れて指導し、生徒たちは厳しい指導を受けました。厳しい規律が求められ、訓練中には大声でしかられたり、ときには暴力的な指導を受けることもあり、まるで本当の軍隊訓練のようでした。戦争が激しくなるにつれ、兵隊になるための訓練の色がさらに濃くなっていきました。

軍事教練の様子(朝日新聞社)

1941年7月、大阪の高津中学校で行われた軍事教練。学生たちは銃を使った訓練を受けていました。

女子の軍事教練(朝日新聞社)

1945年3月、熊本の女子学生の軍事教練。裸足(はだし)で行進を行っています。

学徒動員

戦況が悪化し、多くの成人男性が戦地に送られたことで、国内の労働力が足りなくなりました。1941（昭和16）年、14歳以上40歳未満の男子および14歳以上25歳未満の未婚女性は、無償で働くことを義務づけられます。さらに1944（昭和19）年には、12歳以上の子どもも強制的に労働力として動員されました。学徒出陣で男子が次々に出征していくと、女子が労働力の主力になっていきました。

動員された子どもたちは、おもに戦争で使う兵器や戦闘機、日用品などを製造する軍需工場で、朝から晩まで働きました。中学校以上の学校の校舎や校庭も、工場として使われるようになります。工場では、武器の部品づくりや軍服のミシンがけなど、慣れない仕事に追われました。危険な仕事もあり、事故もたびたび起こったといいます。軍需工場は空襲の標的となり、攻撃を受けて亡くなったりけがをしたりする子どももあとを絶ちませんでした。

学徒動員の様子(西日本新聞社)
1945年7月29日。空爆(くうばく)などで被害(ひがい)を受けた跡地(あとち)で、整地作業(平らにする)を行う工業学校の学生たち。

工場動員で働く子どもたち(毎日新聞社)
1944年9月。武器(ぶき)や爆弾(ばくだん)など軍事に必要なものを製造(せいぞう)する軍需(ぐんじゅ)工場で作業を行う名古屋の国民学校の子どもたち。

農作業と開墾（かいこん）

戦争が長期化し、農業の担（にな）い手が兵士（へいし）としてとられて人手が不足したり、肥料（ひりょう）が足りなかったりすることもあり、食料不足が深刻化（しんこくか）していきました。

また、当時の日本（にほん）は農業の機械化が遅（おく）れていて、農作業をする人が多数必要でした。

そこで、12歳（さい）以上の子どもたちは農業の仕事にも勤労（きんろう）動員されました。とくに女子が主力となり、農家のもとに行ってくわやすきを手に農作業を行ったのです。

10歳（さい）以上の子どもたちも農作業を手伝いました。先生が指導（しどう）しながら、校庭や空き地を畑にしてサツマイモやカボチャなどをつくったり、農家の田植えや収穫（しゅうかく）を手伝ったりしたのです。食用のイナゴとりなどもしました。授業（じゅぎょう）もほとんどなくなり、手伝えない下級生の子どもたちは、田植えなどをする上級生に歌を歌って応援（おうえん）したといいます。大変な作業でしたが、農家の手伝いではおやつをもらえることもあり、それ

を楽しみにしていた子もいたそうです。

空き地を開墾する様子(毎日新聞社)
1944年7月。都会の空き地を利用して、家庭菜園をつくっている様子。

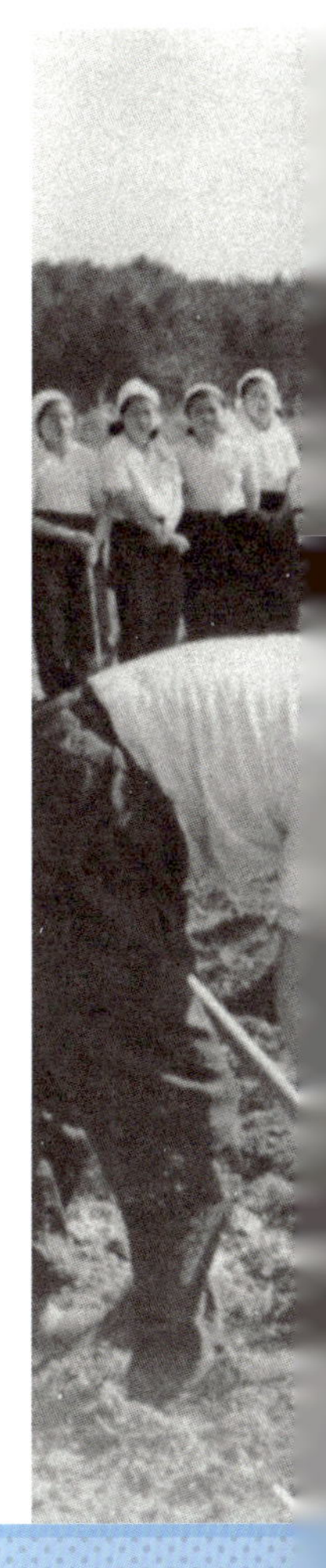

農作業を行う高等女学校の学生(朝日新聞社)
1944年4月。千葉県の松戸高等女学校の学生たちが勤労奉仕に動員、農場のカボチャ畑にたい肥をまく作業を行う様子。

戦時中の食料・代用食

戦争が続き、長い年月が経つ中で、人々の生活に必要なものはますます不足していきました。とくに深刻だったのが食料不足です。1941（昭和16）年には、政府によって米の配給制が始まりましたが、その配給量は戦争が進むにつれて少なくなっていきました。最初は米だけが対象でしたが、やがてほかの食材も配給制となり、自由に食べものを買うことができなくなりました。配給される米は、完全に精白されていないものが多く、家庭でお酒のびんの中に米をいれて棒でついて米を精白する作業が必要になるなど、手間が増えました。

食べものが不足する中、一般の家庭では夕食でも主食にわずかな野菜の煮つけ、つけものなど、とても質素なこんだての家庭が多かったのです。また、戦争の前に一部で行われていた学校給食も戦時中には中止されたため、子どもたちはわずかな食材を弁当にして昼食をとりました。弁当を持ってくることができずに昼食を抜

代用食としてのジャガイモ（毎日新聞社）

1941年。お米の代用として、ゆでたジャガイモで作られた「宝米」。形も味も白米そっくりにするため、完成までに3年かかったとされています。

く子どももいました。

そのような状況で、不足を補うためのさまざまな工夫がなされました。たとえば、米の代わりにカボチャやサツマイモ、大豆かす、小麦などを使い、米を使うときもおかゆや雑炊にして水分を加え、少ない量で満足できるようにしました。

小麦粉を水で練って団子状にし、野菜や昆布などとあわせて煮込む「すいとん」も、手に入りやすい材料で簡単につくれることから広く食べられました。食材を無駄にしないために、ミカンの皮や柿の葉を乾燥させて粉にし、それを使って団子や蒸しパンを作るなど、新しい調理方法も考え出されました。

都市部では家庭菜園で野菜やイモを育てる人も増えましたが、それでも十分とはいえません。野山で食べられる野草や木の実を採取したり、イナゴなどの昆虫を捕まえて食べる人も多く見られました。また、農村の人々との物々交換も盛んに行われました。

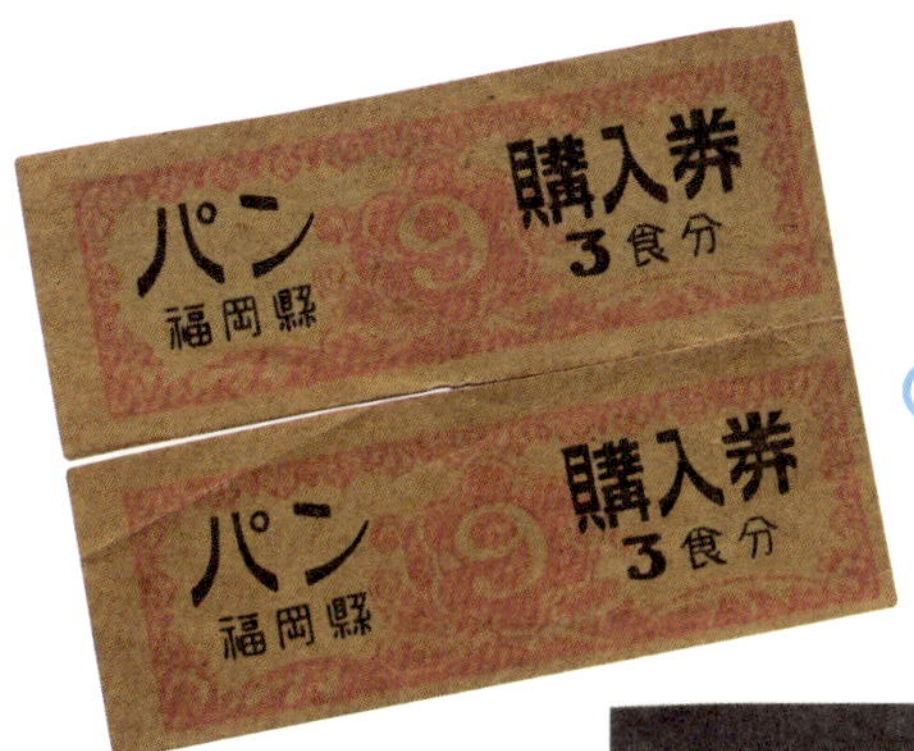

パン購入券(久留米市)
戦時中、パンの配給のために福岡県が発行したパン購入券。

代用食としてのそばずし(朝日新聞社)
食糧難で米を節約するため、米に代わるものとしてそばやうどんが食べられていました。

日用品と配給

戦争が始まり軍需産業が拡大されると、日本は深刻な物不足にみまわれます。食料は優先的に戦場へと送られ、日用品に使用されていた金属や革は、大砲や銃、兵隊の装備品の材料として大量に消費されていきました。

生活に必要な物資が足りなくなると、政府は配給を開始します。配給とは、国が生活必需品の流通や割りあてを管理し、国民にいきわたらせる制度のことです。国民には配給切符が配られ、切符で決められた量の品物しか購入できません。配給品は主食の米や野菜類などの食料だけでなく、石炭といった燃料、衣料、石けん、タバコ、マッチなどの日用品にもおよびます。しかし、戦争が激しくなると、配給の量もへってしまいました。

国民の間では物資不足に対応するため、日用品の代わりとなる代用品を用いるようになります。金属製品は陶器製や木製になり、革は竹やサメ革が代用されます。石けんには泥や灰、米

のとぎ汁などを混ぜて使っていました。

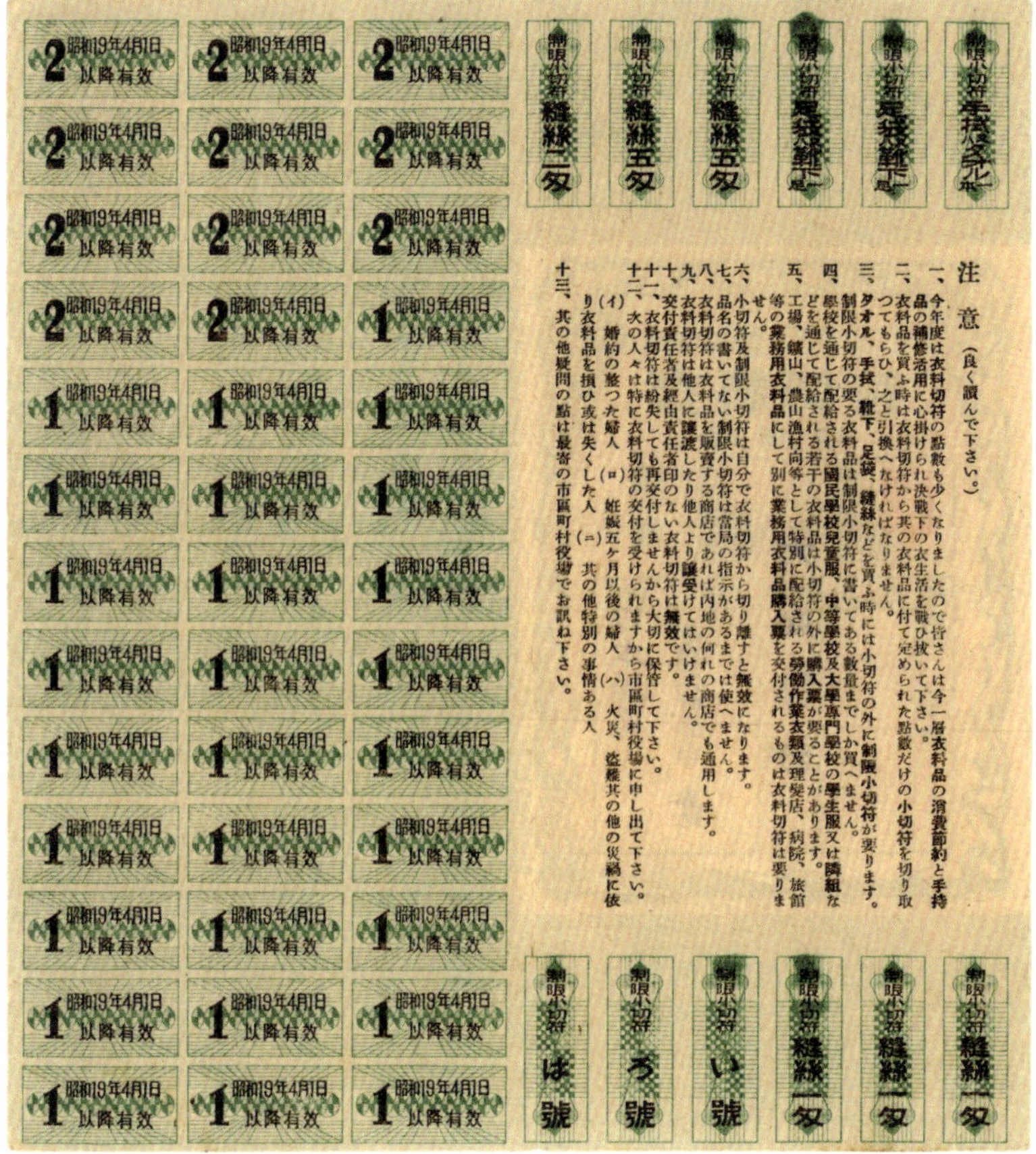

注意（良く讀んで下さい。）

一、今年度は衣料切符の點數も少くなりましたので皆さんは今一層衣料品の消費節約と手持品の補修活用に心掛けられ決戦下の衣生活を戦ひ抜いて下さい。
二、衣料品を買ふ時は衣料切符から其の衣料品に付て定められた點數だけの小切符を切り取つてもらひ、之と引換へなければなりません。
三、タオル、手拭、靴下、足袋、縫絲などを買ふ時には小切符の外に制限小切符が要ります。
四、制限小切符の要る衣料品は制限小切符に書いてある數量までしか買へません。
五、學校を通じて配給される國民學校兒童服、中等學校及大學専門學校の學生服又は隣組などを通じて配給される若干の衣料品は小切符の外に購入票が要ることがあります。
工場、鑛山、農山漁村向等として特別に配給される勞働作業衣類及理髪店、病院、旅館等の業務用衣料品にして別に業務用衣料品購入票を交付されるものは衣料切符は要りません。
六、小切符及制限小切符は自分で衣料切符から切り離すと無效になります。
七、品名の書いてない制限小切符は當局の指示があるまでは使へません。
八、衣料切符は衣料品を販賣する商店であれば内地の何れの商店でも通用します。
九、衣料切符は他人に讓渡したり他人より讓受けてはいけません。
十、交付責任者及經由責任者印のない衣料切符は無效です。
十一、衣料切符は紛失しても再交付しませんから大切に保管して下さい。
十二、次の人々は特に衣料切符の交付を受けられますから市區町村役場に申し出て下さい。
(イ) 婚約の整つた婦人 (ロ) 姙娠五ケ月以後の婦人 (ハ) 火災、盗難其の他の災禍に依り衣料品を損ひ或は失くした人 (ニ) 其の他特別の事情ある人
十三、其の他疑問の點は最寄の市區町村役場でお訊ね下さい。

衣料配給切符（福井市立郷土歴史博物館）
お金があっても、切符がなければ衣料を買うことはできませんでした。写真の切符は合計50点。半そでシャツ8点、靴下で3点など、1年で50点分しか買えませんでした。

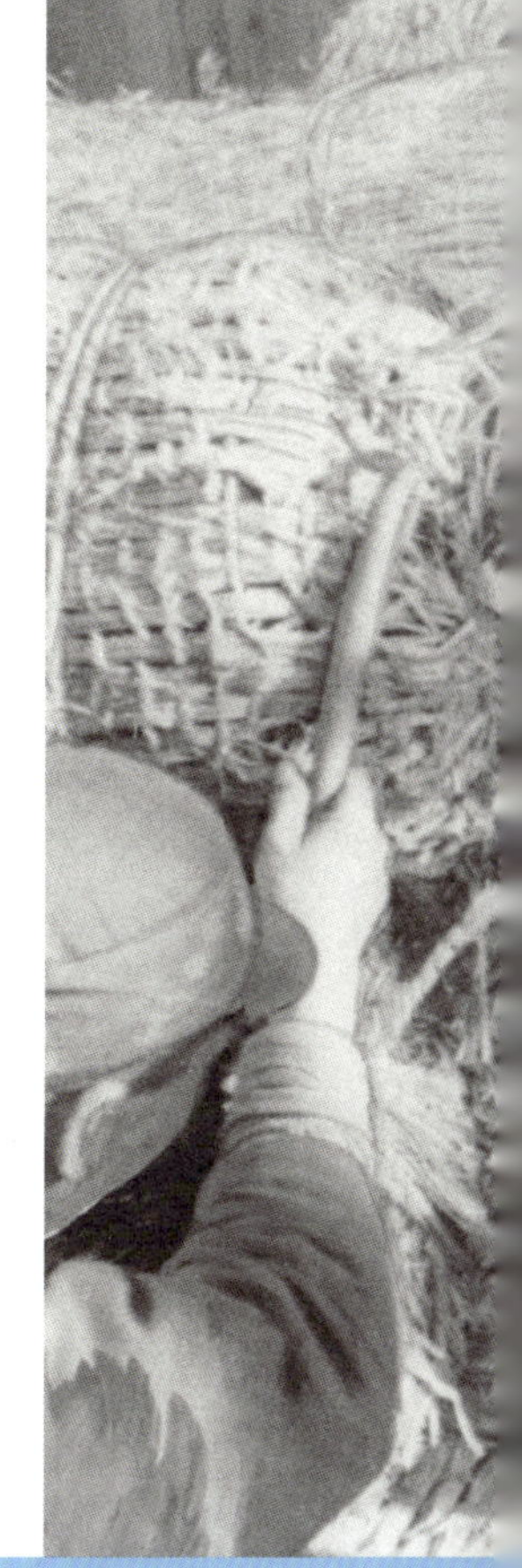

木炭の配給（朝日新聞社）
1940年。燃料として生活に必要だった木炭。荷車で運ばれて人々に配給されました。

金属供出と代用品

供出とは、国の要請によって、必要な物資を国民が差し出すことです。

1937（昭和12）年、戦争に必要な金属類の回収が呼びかけられます。1941（昭和16）年には金属類回収令が出され、特に武器の生産に必要な鉄と銅がさかんに回収されます。

太平洋戦争が始まると、銅像や寺の鐘なども強制的に回収されるようになります。その結果、多くの寺では鐘がなくなり、鐘の音が聞こえなくなったといいます。また、東京の上野公園にあった大仏の像が供出されるなど、公共の場に置かれていた銅像や記念碑なども戦争のために使われました。家庭内の金属製品も回収されます。釜ややかんなど、生活に最低限必要なものだけ残し、それ以外の鍋や調理器具、さじやフォーク、貴金属、金庫など、あらゆるものが全国から集められました。供出した日用品の代わりとして、陶製のアイロンや竹製のバケツなど、さまざまな代用品がつくられました。

寺の金属供出(毎日新聞社)
1942年11月。石川県。金属類回収令によって、寺の鐘も強制的に回収されました。

陶製のアイロン(三重県総合博物館)
金属の代わりに陶器でつくられました。

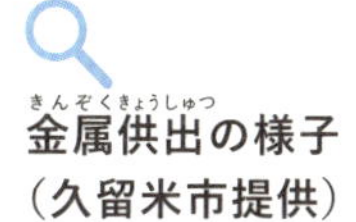

金属供出の様子(久留米市提供)
久留米市の京町北町内会で行われた金属供出。金属製の釜や金庫など、さまざまな日用品が家庭から集められました。

戦時中の情報伝達

戦時中には、政府によって新聞の報道内容が統制されました。軍の受けた損害を過小に発表したり、撤退を「転進」と表現するなど、戦況の情報操作が行われました。1944（昭和19）年頃になると、マスコミは「鬼畜米英」という標語を使うようになります。新聞でも、アメリカやイギリスの行いを非難し、鬼やけだもののような存在だと報じて国民の感情に訴えかけました。

1941（昭和16）年12月8日、ラジオ番組の臨時ニュースで、日本が米英と開戦を迎えたことが知らされました。この日、日本軍の戦果が相次いで放送され、国民の意識は一斉に戦争へと向けられたのです。戦況が悪くなるにつれ、映画の配給が停止されるなど、国民が楽しめる娯楽はなくなっていきます。ラジオも例外ではなく、放送内容には政府の検閲が入り、国策の宣伝や軍国心をあおる合唱歌などで溢れました。

ラジオは最も身近な伝達手段で、国民は、空襲の際にラジオから流れる「警戒警報」や「空襲警

真珠湾攻撃を報じる朝日新聞（朝日新聞社）
1941年12月。国民の意識を高めるため、「大戦果」を大きく報じています。

朝日新聞

ハワイ・比島に赫々の大戦果

米海軍に致命的大鐵槌
戦艦六隻を轟沈大破す
航母一、大巡四をも撃破

畏し陸海将兵に勅語

戦艦ウエスト・ヴアージニア撃沈

比島で敵機百を撃墜

米自慢の「空の要塞」撃滅

泰政府發表

報」などを頼りに生活していました。

戦時下の日本では、戦地や戦地に近い場所で従軍する者に宛てた郵便物を「軍事郵便」と呼びました。軍事郵便には、宛名面に「軍事郵便」と記すことが定められ、政府が検閲を行って情報の漏洩を防いでいました。軍事郵便の中には、故郷を離れて戦う兵士たちをなぐさめようと、日用品や雑誌、励ましの文などをつめ合わせた「慰問袋」もたくさんありました。戦争が長引き、物資不足が危ぶまれるまで、慰問袋はデパートで買うこともできました。

郵便切手は、日本軍の勝利をたたえるものなど、国民の戦意をあおるデザインが数多くありました。太平洋戦争開戦にともない、政府は軍事費用を工面するため、さまざまな料金の見直しを始めます。郵便料金は、1944年に書状は7銭、通常葉書は2銭から3銭と改められました。これによって生まれた増収分は、軍事費に割り当てられました。

軍事郵便はがき（昭和館）
家族に宛てた手紙。手紙は先に軍部が読み、機密事項や士気を下げるような部分は黒くぬりつぶされて渡されました。

戦時中のラジオ（日本ラジオ博物館）
シャープ製の「国策型受信機」とよばれた普及型のラジオ。当時、ラジオは人々にとって大事な情報源でした。

戦時中の本・雑誌

戦争が進むにつれて、日本政府は、出版物の内容にも指導や統制を行うようになりました。当時の人々にとって貴重な情報源であったポスター・雑誌には、戦争の話題がさかんに取り上げられ、戦意をあおるような文言の掲載が増えていきました。また、戦争を美化した内容の書籍や紙芝居なども多く発行されました。

1938(昭和13)年には、国が児童向け図書を制作する出版社に対し、「国策に沿った内容に改めること」を強いました。それにより、子ども向けの絵本や雑誌にも、軍国熱を高めるような記事が目立つようになります。

1914(大正3)年に発売開始された「少年倶楽部」は、小説『怪人二十面相』や漫画『のらくろ』などが子どもたちの心をつかみましたが、戦争によって、表紙には食料増産政策を想起させる「かぼちゃをかかえあげる少年」や、「手投げ弾を投げる少年」など、政策に同調するようなモチーフが描かれるようになります。ロマンチックな世界観で少女たちから支持されていた月刊雑誌「少女倶楽部」には、「国を守る女性の心得」など、戦時色の強い記事が増えていきました。

1924(大正13)年創刊の「子供の科学」も、科学技術への関心を高める雑誌として人気がありましたが、しだいに軍事技術に関する内容が中心になっていきます。1925(大正14)年創刊の小学生向け雑誌「セウガク一年生」も、天皇に仕える「少国民」の育成へとその内容が変わっていきました。

戦時中の日本では、外来語や海外の文化は「日本の伝統文化を破壊する敵の文化である」とされ、おもに英語に由来する言葉は「敵性語」と呼ばれました。敵性語を国民の生活から排除しようと、政府がいくつかの外来語の使用を禁じると、マスコミも同調し、全国的に英語を日本語に言い換える風潮が広まりました。当時、大人に人気のあった雑誌「キング」が「富士」に名前を変えるなど、出版界にも大きな影響がありました。

雑誌「子供の科学」（誠文堂新光社）1942（昭和17）年2月号と4月号の表紙

右の2月号の表紙には軍艦、左の4月号にはパラシュート部隊の兵士の絵が描かれています。戦後は楽しく科学が学べる雑誌にもどり、現在も刊行が続いています。

雑誌「セウガク一年生」(小学館)の表紙のうつりかわり

1925(大正14)年に「セウガク一年生」として創刊、現在も刊行が続いている雑誌「小学一年生」も、時代の影響を受けました。右の1939(昭和14)年3月号では、飛行機を見上げる子どもの姿と日の丸が描かれています。中央の1942(昭和17)年1月号(正月特別号)では、小学校が国民学校に変わったことを受けて「コクミン一年生」という名前になり、表紙にも「小学館ノ少国民雑誌」の文字が入っています。左の1944(昭和19)年9月号では、「コクミン一年生」と「コクミン二年生」が統合されて「良い子の友」となり、表紙には大人の兵士も登場しています。

| 監修 | 大串潤児
（国立歴史民俗博物館教授。元信州大学教授）

1969年、東京生まれ。東京学芸大学大学院教育学研究科修士課程、一橋大学大学院社会学研究科博士課程修了。著書に『「銃後」の民衆経験―地域における翼賛運動』（岩波書店）など。

竹村逸彦
（「軍国少年日記」作者）

1931年生まれ。福岡県久留米市の中学明善校（現福岡県立明善高等学校）に在学していた当時、1945年5月から1946年3月までの日記を、東京都町田市の自宅で見つけ、久留米市に寄贈。

| 指導・資料提供 | 小澤太郎
（久留米市市民文化部文化財保護課 埋蔵文化財チーム チームリーダー）

| 取材協力 |
久留米市市民文化部文化財保護課、福岡県立明善高等学校、明善同窓会（五十音順）

| 写真協力 |
朝日新聞社、江戸東京博物館、工藤洋三、久留米市市民文化財保護課、国立公文書館、静岡平和資料センター、小学館、昭和館、誠文堂新光社、奈良県立図書情報館、西日本新聞社、日本ラジオ博物館、福井市立郷土博物館、米国立公文書館、毎日新聞社、三重県総合博物館（五十音順）

| 挿画 | ふすい

| 本文イラスト | わみず

| 編集協力・資料編原稿作成 |
大森裕之（撮影）、
青木一恵、安藤鞠、片倉まゆ、田口純子
桂樹社グループ（広山大介）

| 校正・校閲 | 鷗来堂、菅村薫

主要参考文献（五十音順）

書籍等

『池上彰の現代史授業　昭和編①戦争と復興』
（池上彰監修・著、ミネルヴァ書房、2014）

『NHKスペシャル　戦争の真実シリーズ①　本土空襲全記録』
（HNKスペシャル取材班著、KADOKAWA、2018）

『語り伝えるアジア・太平洋戦争 4 空襲、疎開、日本の敗戦』
（吉田裕監修、新日本出版社、2012）

『カメラがとらえた久留米の100年　私の街私の時代』
（久留米市教育委員会、1989）

『事典 太平洋戦争と子どもたち』
（浅井春夫 川満彰 平井美津子 本庄豊 水野喜代志 編、吉川弘文館、2022）

『写真でみる太平洋戦争とくらし・道具事典』
（昭和館学芸部監修、金の星社、2016）

『戦争と人びとの暮らし　下』（半藤一利著、平凡社、2023）

『戦時中の日本：そのとき日本人はどのように暮らしていたのか？』
（歴史ミステリー研究会編、彩図社、2021）

『戦争とくらしの事典』
（戦争とくらしの事典編纂室編、ポプラ社、2009）

『日本空襲の全貌』（平塚柾緒編著、洋泉社、2015）

『ビジュアル日本の住まいの歴史　4 近現代』
（小泉和子監修、ゆまに書房、2019）

『保存版 ふるさと久留米』
（大矢野栄次監修、郷土出版社、2009）

『目で見る久留米・筑後・八女の100年』
（古賀幸雄監修、郷土出版社、2001）

『目で見る戦争とくらし百科３・４』
（早乙女勝元監修、日本図書センター、2001）

「歴史散歩　平和への願い・久留米も戦争遺跡（3）
空襲遺跡編」（久留米市市民文化部文化財保護課、2016）

WEBサイト

総務省HP 戦時中の生活等を知るための用語集
www.soumu.go.jp/main_sosiki/daijinkanbou/sensai/word/index.html

西日本新聞 me コーナー「軍国少年日記」
www.nishinippon.co.jp/theme/takemura_diary/

戦争を知らないキミへ

1945年、14歳の僕が考えていたこと。上・戦中編

2025年4月　第1刷

監修　大串潤児
発行者　加藤裕樹
編集　柾屋洋子
発行所　株式会社ポプラ社
〒141-8210　東京都品川区西五反田3-5-8
JR目黒MARCビル12階
ホームページ：www.poplar.co.jp（ポプラ社）

印刷・製本　TOPPANクロレ株式会社
装丁・本文デザイン　PAPAS FACTORY

ISBN978-4-591-18485-1　N.D.C.210 ／ 127P ／ 27cm
Printed in Japan